ADRIÁN ALBERTO HERRERA

D1551497

2018

UN AÑO LLENO

DE GRACIA

LOYOLAPRESS.
UN MINISTERIO JESUITA

Chicago

LOYOLA PRESS.
UN MINISTERIO JESUITA

3441 N. Ashland Avenue
Chicago, Illinois 60657
(800) 621-1008
www.loyolapress.com

Diseño de la portada y del interior de Kathy Kikkert.

ISBN-13: 978-0-8294-4493-3
ISBN-10: 0-8294-4493-9
Número de Control de Biblioteca del Congreso USA: 2017942074

Impreso en los Estados Unidos de América.
17 18 19 20 21 22 23 24 25 Bang 10 9 8 7 6 5 4 3 2 1

En gratitud a Dios por el don de la vida,
a mi esposa Sandra y mis hijos Alberto y Fátima,
a mis padres Alberto Herrera y Sylvia Gonzalez,
y a mis hermanos.

Introducción

A menudo sentimos que nos falta tiempo para terminar proyectos, acudir a eventos, reuniones y convivios; es como si la vida se nos esfumara de las manos. La sociedad moderna tiende a aturdirnos, a desviarnos de nuestro rumbo y a impedir que valoremos las cosas esenciales de la vida. Son tantas las preocupaciones y distracciones que nos asaltan a diario que es fácil olvidarnos de la importancia de reservar tiempo para el Señor. Por eso, te invito a que de manera intencional dediques unos minutos del día a la oración bíblica y a que le des a Dios lo que es de Dios.

Para poder gozar al máximo de este libro que tienes en tus manos, te recomiendo lo siguiente:

- Prepara un rincón cómodo donde te sientas a gusto y en el que puedas leer sin interrupciones.
- Trata de serenar tus sentidos, aleja tus preocupaciones y dedícale toda tu atención a Dios en la oración.
- Da gracias a Dios por todos los dones concedidos y por todos los retos por emprender.
- Confía plenamente en el Señor: tu carga será más ligera si le permites que cargue contigo tu yugo.
- Dedica unos minutos a la meditación, si es posible frente a un crucifijo.
- Invita al Espíritu Santo a que sea tu guía en el camino.
- Acude a la Virgen María o a San José, modelos de discipulado, para que te ayuden a crecer en tu vocación personal.

Las preguntas y meditaciones que se ofrecen en este libro son para ayudarte a recorrer el camino de la cruz, a la cual todos hemos sido llamados desde el momento de nuestro Bautismo. Deseo desde lo más profundo de mi alma que estas reflexiones se vuelvan vida en ti y enciendan las fibras de tu corazón para transformar tus entornos familiares en Cristo Jesús.

Tomad, Señor, y recibid
toda mi libertad,
mi memoria,
mi entendimiento
y toda mi voluntad,
todo mi haber y mi poseer.
Vos me disteis;
a Vos, Señor, lo torno.
Todo es Vuestro:
disponed de ello
según Vuestra Voluntad.
Dadme Vuestro Amor y Gracia,
que estos me bastan.
Amén

Domingo

3 DE DICIEMBRE

• I DOMINGO DE ADVIENTO •

Señor, tú eres nuestro padre;
nosotros somos el barro y tú el alfarero;
todos somos hechura de tus manos.
—Isaías 64:7

¡Feliz año nuevo! Hoy se inicia un nuevo ciclo litúrgico en la vida de la Iglesia y esperamos la llegada de nuestro Señor Jesucristo con esa alegría, ese gozo y esa esperanza que distingue a los cristianos. En este tiempo de Adviento permitamos que el Alfarero moldee nuestro corazón.

¡Prepárate para darle posada al Señor con júbilo y esperanza!

Isaías 63:16b–17,19b; 64:2–7
Salmo 80:2–3,15–16,18–19 (4)
1 Corintios 1:3–9
Marcos 13:33–37

4 DE DICIEMBRE

¡Casa de Jacob, en marcha!
Caminemos a la luz del Señor.
—ISAÍAS 2:5

¡Siempre en marcha! Señor, te doy gracias porque siempre caminas a mi lado y te haces presente en los dolores y las alegrías de mi vida. El camino no siempre es fácil ni exento de obstáculos, pero tú me guías y alientas con tu luz.

Hoy te quiero agradecer por. . .

Isaías 2:1–5
Salmo 122:1–2,3–4b,4cd–5,6–7,8–9
Mateo 8:5–11

Martes

5 DE DICIEMBRE

Jesús se llenó de júbilo en el Espíritu Santo.
—LUCAS 10:21

Hoy en día, la sociedad trata de ofrecernos felicidad a través del confort, el placer y la satisfacción instantánea, pero estas cosas difícilmente llenan el vacío de nuestro corazón. ¡Qué alegría saber que el verdadero júbilo radica en Jesús! ¡Qué alegría que Jesús haya hecho de este mundo su lugar de vivienda para llevar a cabo su plan de salvación!

¿De qué maneras comparto mi alegría con los demás?

Isaías 11:1–10
Salmo 72:1–2,7–8,12–13,17
Lucas 10:21–24

El Señor Dios enjugará las lágrimas de todos los rostros
y borrará de toda la tierra la afrenta de su pueblo.
Así lo ha dicho el Señor.
—ISAÍAS 25:8B

Pensemos en todas esas familias que han llorado la muerte de uno de sus hijos, en nuestros hermanos que padecen de alguna enfermedad, en aquellas parejas que han sufrido la ruptura del divorcio o en aquel hermano inmigrante que ha tenido que dejar atrás a su familia. Es precisamente en este tiempo de Adviento que pedimos a Jesús que llene nuestro corazón de armonía, alegría, paz y compasión.

En oración, pido a Jesús que nos brinde su amor y consuelo.

Isaías 25:6–10a
Salmo 23:1–3a,3b–4,5,6
Mateo 15:29–37

7 DE DICIEMBRE

• SAN AMBROSIO, OBISPO Y DOCTOR DE LA IGLESIA •

El que escucha estas palabras mías y las pone en práctica, se parece a un hombre prudente.
—MATEO 7:24

Recuerdo de niño las muchas veces en que mi madre me pedía que dejara de jugar para hacer mis deberes, y mi primera reacción era negarme con una mueca de enojo o fastidio. Al final, terminaba por acatar las órdenes de mi madre y, mientras me ocupaba de mis deberes, el enojo o el fastidio iban dando paso a momentos de aprendizaje y disciplina. ¡Gracias, madre, por esos momentos!

El Señor pide a sus discípulos que pongan en práctica sus palabras.

¿De qué formas pongo en práctica las palabras del Señor?

Isaías 26:1–6
Salmo 118:1 y 8–9,19–21,25–27a
Mateo 7:21,24–27

8 DE DICIEMBRE

• SOLEMNIDAD DE LA INMACULADA CONCEPCIÓN DE LA SANTÍSIMA VIRGEN
MARÍA (FIESTA PATRONAL DE LOS ESTADOS UNIDOS DE AMÉRICA) •

Alégrate, llena de gracia, el Señor está contigo.
—LUCAS 1:28B

Así como María —quien fue la primera discípula de Jesús—
todos los discípulos de Jesús estamos llamados a tener la
disposición, la apertura y la sencillez de corazón para recibir la
alegría de la Buena Nueva. Y, ¿cuál es esa alegría? La alegría de
que el Verbo de Dios quiere habitar entre nosotros.

¿Quiénes son las personas que han traído alegría a mi vida? En
el silencio de mi corazón, les doy las gracias.

Génesis 3:9–15,20
Salmo 98:1,2–3ab,3cd–4
Efesios 1:3–6,11–12
Lucas 1:26–38

9 DE DICIEMBRE

• SAN JUAN DIEGO CUAUHTLATOATZIN •

La cosecha es mucha y los trabajadores, pocos.
—MATEO 9:37

Así como san Juan Diego fue llamado por nuestra Madre, la Virgen de Guadalupe, y enviado para que le edificara una casita en el cerro de Tepeyac, nosotros somos llamados y enviados por Cristo a proclamar la Buena Nueva. Podemos edificar el Reino de Dios con pequeños gestos y obras de misericordia y amor que acompañen nuestras palabras.

¿A qué me llama el Señor el día de hoy? ¿Qué gestos de amor puedo hacer hoy?

Isaías 30:19–21,23–26
Salmo 147:1–2,3–4,5–6
Mateo 9:35—10:1,5a,6–8

10 DE DICIEMBRE

• II DOMINGO DE ADVIENTO •

Les tiene a ustedes mucha paciencia, pues no quiere que nadie perezca, sino que todos se arrepientan.
—2 PEDRO 3:9

¿Has hecho una fiesta en tu casa? Si es así, sabrás que los preparativos exigen tiempo y dedicación. Para que todo salga bien, se requiere de paciencia, ya que si haces las cosas de manera apresurada es posible que falle algo o que te falte algún detalle. Y el propósito de la fiesta es que los invitados disfruten de la celebración.

De ese mismo modo, el Señor es paciente con la preparación de nuestra vida y espera que nos arrepintamos para que algún día podamos gozar de su gran fiesta junto a los demás invitados.

¿Qué parte de mi vida necesita preparación?

Isaías 40:1–5,9–11
Salmo 85:9–10,11–12,13–14 (8)
2 Pedro 3:8–14
Marcos 1:1–8

11 DE DICIEMBRE

• SAN DÁMASO I, PAPA •

Se iluminarán entonces los ojos de los ciegos
y los oídos de los sordos se abrirán.
—ISAÍAS 35:5

¿Sabemos valorar lo que nuestros cinco sentidos nos permiten hacer? ¿Cuántas veces nos detenemos a apreciar la maravilla de poder oír, de poder caminar, de poder ver, de poder saborear, de poder oler? Estos sentidos nos fueron dados para reconocer la grandeza de Dios en nuestro prójimo, así como hicieron aquellos amigos que llevaron al paralítico a Jesús. Y él vio la fe de aquellos hombres.

Cierra los ojos y reflexiona unos minutos en silencio. Da gracias a Dios por los sentidos que te permiten acercarte a tu prójimo.

Isaías 35:1–10
Salmo 85:9ab y 10,11–12,13–14
Lucas 5:17–26

¡Bendita tú entre las mujeres y bendito el fruto de tu vientre!
—LUCAS 1:42B

¡Bendita toda mujer que tenga la dicha de ser madre! ¡Qué alegría escuchar a su bebé decir "mamá" por primera vez y ver cómo crece y se desarrolla! Son incomparables la ternura y el cariño que una madre puede dar a sus hijos.

Hoy damos gracias a nuestra madre María, la Virgen de Guadalupe, por la ternura y el cariño que ha dado a cada uno de sus hijos, así como lo hizo con san Juan Diego diciéndole estas palabras: "¿Acaso no estoy yo aquí, que soy tu Madre?".

Trae a tu mente la imagen viva de tu madre y agradece al Señor por las bendiciones derramadas en ella.

Zacarías 2:14–17 o Apocalipsis 11:19a;
12:1–6a,10ab
Judit 13:18bcde,19
Lucas 1:26–38 o 1:39–47

Miércoles

13 DE DICIEMBRE

• SANTA LUCÍA, VIRGEN Y MÁRTIR •

Tomen mi yugo sobre ustedes y aprendan de mí, que soy manso y humilde de corazón, y encontrarán descanso.
—MATEO 11:29

Dicen que los bellos momentos nos relajan y nos brindan descanso. Cierra los ojos y deja que tu imaginación traiga a la memoria las calles que te vieron crecer. Trata de recordar los sonidos, los aromas, los colores, los modismos, los sabores, las conversaciones, la música, la gente. . . ¿Puedes reconocer la presencia de Dios?

Dedica unos cinco minutos a agradecerle a Dios por todos esos momentos.

Isaías 40:25–31
Salmo 102:1–2,3–4,8 y 10
Mateo 11:28–30

⇒ 11 ⇐

El que tenga oídos que oiga.
—MATEO 11:15

Recuerdo una gran lección que me dio mi padre durante mi niñez. Cierta tarde, mi hermano y yo alegábamos por cualquier cosa y mi padre, que nos estaba escuchando, decidió intervenir para decirnos: "Tenemos dos oídos y una boca". Con esto quería indicarnos que debemos escuchar más y hablar menos. ¡Qué gran lección!

¿Hay algo en mi vida a lo que deba escuchar con más atención?

Isaías 41:13–20
Salmo 145:1 y 9,10–11,12–13ab
Mateo 11:11–15

15 DE DICIEMBRE

Yo soy el Señor, tu Dios,
el que te instruye en lo que es provechoso.
—ISAÍAS 48:17B

Seguir al Señor nunca ha sido fácil, como se hace evidente en la vida de los santos. Una de las más valiosas enseñanzas en este sentido la heredamos de san Ignacio de Loyola con sus Ejercicios Espirituales. En ellos, él describe cómo identificar y liberarse de los apegos desordenados para poder servir gozosamente a Dios y al prójimo.

¿De qué maneras sirvo a Dios y a mi prójimo?

Isaías 48:17–19
Salmo 1:1–2,3,4 y 6
Mateo 11:16–19

*Dichosos los que te vieron
y murieron gozando de tu amistad;
pero más dichosos
los que estén vivos cuando vuelvas.*
—ECLESIÁSTICO 48:9–11

Durante el Adviento, no solo esperamos el nacimiento de Jesús sino también la parusía, o segunda venida del Rey triunfante que vendrá a juzgar a vivos y muertos. El Adviento también es tiempo de anticipación, de espera y de alegre preparación.

¿De qué manera vivo mi vida conforme al Evangelio? ¿Me estoy preparando para recibir al Rey triunfante con una disposición alegre?

Eclesiástico 48:1–4,9–11
Salmo 80:2ac y 3b,15–16,18–19
Mateo 17:9a,10–13

Domingo

17 DE DICIEMBRE

• III DOMINGO DE ADVIENTO •

El Espíritu del Señor esta sobre mí, / porque me ha ungido / y me ha enviado para anunciar la buena nueva a los pobres, / a curar a los de corazón quebrantado, / a proclamar el perdón de los cautivos, / la libertad a los prisioneros / y a pregonar el año de la gracia del Señor.
—ISAÍAS 61:1

Al ver el afán de la gente por ir a comprar los últimos regalos de Navidad para sus seres queridos, no puedo evitar preguntarme: ¿es el verdadero regalo un objeto material que se consigue en una tienda? ¿O acaso no será más bien un gesto de cariño o un acto de amor, como la visita a un enfermo o a un asilo de ancianos? ¿O qué tal dedicar tiempo a un familiar al que no hemos visto recientemente? ¡El verdadero regalo es algo intangible que no se compra, sino que se ofrece con el corazón!

¿Hay alguna persona a la que sé que no he dedicado el tiempo suficiente y a la que puedo ofrecer el obsequio de mi presencia?

Isaías 61:1–2a,10–11
Lucas 1:46–48,49–50,53–54
1 Tesalonicenses 5:16–24
Juan 1:6–8,19–28

18 DE DICIEMBRE

José, hijo de David, no dudes en recibir en tu casa a María, tu esposa,
porque ella ha concebido por obra del Espíritu Santo.
—MATEO 1:20B

El Adviento es tiempo de preparación, pero a la vez es tiempo de recibir a nuestro prójimo en el corazón, así como José hizo con María. Durante las tradicionales posadas que se celebran en las casas y en las parroquias, la gente se prepara para la llegada del Niño Dios rezando, cantando y disfrutando entre amistades y familiares. Es en el convivir donde nacen gestos de amor y de ternura que se reciben con tan solo una sonrisa o un simple "gracias".

¿De qué maneras expreso mi agradecimiento a los demás?

Jeremías 23:5–8
Salmo 72:1–2,12–13,18–19
Mateo 1:18–25

19 DE DICIEMBRE

Convertirá a muchos israelitas al Señor; irá delante del Señor con el espíritu y el poder de Elías, para convertir los corazones de los padres hacia sus hijos.
—LUCAS 1:16–17A

Caminar con el Señor es un privilegio que pocos se atreven a asumir. Pero es en ese caminar y pasear con el Señor donde surge el arrepentimiento y la conversión. Hoy, el Señor nos invita a confiar en él y a poner nuestro corazón en el suyo.

¿Qué me impide caminar con el Señor (intereses, placeres, falta de tiempo, apatía. . .)? Pido al Señor que me dé un corazón contrito que desee seguirlo.

Jueces 13:2–7,24–25a
Salmo 71:3–4a,5–6ab,16–17
Lucas 1:5–25

20 DE DICIEMBRE

No la pediré. No tentaré al Señor.
—ISAÍAS 7:12

¿Cuántas veces ponemos al Señor a prueba? Ante una situación difícil o un suceso de vida o muerte, queremos que Dios se manifieste mostrando su poder para poder seguir creyendo en él. Aprendamos de la fe y entrega de María que le contestó al ángel: "Cúmplase en mí lo que me has dicho".

¿Me cuesta creer en Dios y seguir su voluntad?

Isaías 7:10–14
Salmo 24:1–2,3–4ab,5–6
Lucas 1:26–38

Jueves

21 DE DICIEMBRE

• SAN PEDRO CANISIO, PRESBÍTERO Y DOCTOR DE LA IGLESIA •

¿Quién soy yo, para que la madre de mi Señor venga a verme?
—LUCAS 1:43

Hoy es la fiesta del jesuita holandés san Pedro Canisio, conocido como el segundo evangelizador de Alemania y figura clave para contrarrestar la reforma protestante. Ofrecía consejos moderados con un enfoque conciliador y enfatizaba la simplicidad de la fe y el testimonio de amor en contraposición a argumentos o disputas sobre la fe.

¿Demuestran mis actos la fe en Jesucristo? ¿O trato de convencer a los demás mediante la argumentación?

Cantar de Cantares 2:8–14 o
Sofonías 3:14–18a
Salmo 33:2–3,11–12,20–21
Lucas 1:39–45

Ana llevó a Samuel, que todavía era muy pequeño, a la casa del Señor.
—I SAMUEL 1:24

Gracias, Señor, por todas esas personas de buen corazón que han llevado a los demás a tu casa para que aprendan de ti. ¿Cuántos abuelos no han compartido con sus nietos el amor a Dios? ¿O qué decir de aquellas personas que invitan a otros a la casa del Señor sin siquiera conocerlos? Estas personas han dedicado su vida a compartir la Buena Nueva con niños y adultos por igual.

En oración, recuerda hoy con agradecimiento a todos aquellos que compartieron contigo la fe católica.

1 Samuel 1:24–28
1 Samuel 2:1,4–5,6–7,8abcd
Lucas 1:46–56

23 DE DICIEMBRE

• SAN JUAN DE KANTY, PRESBÍTERO •

Esto dice el Señor: "He aquí que yo envío a mi mensajero. Él preparará el camino delante de mí".
—MALAQUÍAS 3:1

Así como Dios envió a sus profetas para anunciar su Reino y preparar la llegada del Mesías —su hijo Jesucristo— estamos llamados por virtud de nuestro Bautismo a ser profetas y a preparar los caminos que lleven al Reino de Dios.

En este tiempo de espera, ¿de qué manera preparo el camino del Señor en el seno de mi hogar? ¿Y en mi trabajo? ¿Y en mis relaciones?

Malaquías 3:1–4,23–24
Salmo 25:4–5ab,8–9,10 y 14
Lucas 1:57–66

Entró el ángel a donde ella estaba y le dijo: "Alégrate, llena de gracia, el Señor está contigo".
—LUCAS 1:30

¡Que hermosa es la visita que hace el arcángel Gabriel a la Virgen María! Con esta visita, trae el mensaje de salvación que se tejerá en su vientre. Es en la alegría del Señor donde se cumplen sus promesas y donde se abre la esperanza para que futuras generaciones puedan alabar su nombre diciendo: "Bendita tú eres entre todas las mujeres".

Eleva esta oración de agradecimiento por nuestra Madre, María:

Dios te salve, María, / llena eres de gracia; / el Señor es contigo. / Bendita Tú eres / entre todas las mujeres, / y bendito es el fruto de tu vientre, Jesús. / Santa María, Madre de Dios / ruega por los pecadores, / ahora y en la hora de nuestra muerte. / Amén.

2 Samuel 7:1–5,8b–12,14a,16
Salmo 89:2–3,4–5,27,29 (2a)
Romanos 16:25–27
Lucas 1:26–38

Lunes

2 5 DE DICIEMBRE

• NATIVIDAD DEL SEÑOR — NAVIDAD •

Dará a luz un hijo y tú le pondrás el nombre de Jesús, porque él salvará a su pueblo de sus pecados.
—MATEO 1:21

Medita sobre estas palabras y trata de colocarte en la posición de José. Ahora es él quien debe ponerle el nombre al recién nacido. Un bebé que trae ternura, amor y se encuentra en los brazos de su madre, María. El Salvador ha nacido y la promesa de Dios Padre se ha cumplido.

Dedica unos cinco minutos a meditar sobre este gran misterio que se ha hecho presente entre nosotros.

MISA VESPERTINA DE VIGILIA:
Isaías 62:1–5
Salmo 89:4–5,16–17,27,29 (2a)
Hechos de los Apóstoles 13:16–17,22–25
Mateo 1:1–25 o 1:18–25 (13)

MISA DE MEDIANOCHE:
Isaías 9:1–6
Salmo 96:1–2,2–3,11–12,13
Tito 2:11–14
Lucas 2:1–14

MISA DE LA AURORA:
Isaías 62:11–12
Salmo 97:1,6,11–12
Tito 3:4–7
Lucas 2:15–20

MISA DEL DIA:
Isaías 52:7–10
Salmo 98:1,2–3,3–4,5–6 (3c)
Hebreos 1:1–6
Juan 1:1–18 o 1:1–5,9–14 (16)

Mientras lo apedreaban, Esteban repetía esta oración: "Señor Jesús, recibe mi espíritu". Después se puso de rodillas y dijo con fuerte voz: "Señor, no les tomes en cuenta este pecado". Diciendo esto, se durmió en el Señor.
—HECHOS DE LOS APÓSTOLES 7:59

La Iglesia celebra hoy al primer discípulo que entrega su vida por Jesús: Esteban, conocido como el primer mártir. Y así como Esteban, los cristianos también nos ponemos de rodillas y pedimos a Dios que llene nuestro corazón de bondad, benevolencia y amor.

Descansa por unos minutos en el Señor y pídele que te dé un corazón contrito para reconocer tus pecados y valentía para confesarlos en el sacramento de la Reconciliación.

Hechos de los Apóstoles 6:8–10; 7:54–59
Salmo 31:3cd–4,6 y 8ab,16bc y 17
Mateo 10:17–22

27 DE DICIEMBRE

• SAN JUAN, APÓSTOL Y EVANGELISTA •

Les escribimos esto para que se alegren y su alegría sea completa.
—I JUAN 1:4

En este tiempo de Navidad estamos llamados a ser heraldos del Evangelio y llevar la alegría que albergamos en nuestro interior. Pero no se trata de esa alegría pasajera y mundana que se marchita con el tiempo, sino de la verdadera alegría que nace de tener a Jesucristo en nuestro corazón.

¿Quiénes me han contagiado de su alegría?

1 Juan 1:1–4
Salmo 97:1–2,5–6,11–12
Juan 20:1a y 2–8

Queridos hermanos: Este es el mensaje que hemos escuchado de labios de Jesucristo y que ahora les anunciamos: Dios es luz y en él no hay nada de oscuridad.
—1 JUAN 1,5

El Verbo se ha hecho carne para habitar con nosotros y darnos a conocer el gran misterio de Dios Padre: su amor. Este mensaje que los apóstoles escucharon de labios de Jesucristo y que ahora nos ha sido anunciado, es literalmente el de un Dios que es luz. Un Dios que siente nuestros sufrimientos, que nos acompaña y que ilumina nuestro camino. Un Dios que ofrece esperanza a todos los que han sido víctimas de la violencia.

Toma unos minutos y reza por todas aquellas personas que han perdido a un ser querido a causa de la violencia.

1 Juan 1:5—2:2
Salmo 124:2–3,4–5,7b–8
Mateo 2:13–18

Quien afirma que está en la luz y odia a su hermano, está todavía en las tinieblas.
—I JUAN 2:9

La fe siempre debe ir acompañada de obras. No se puede querer a Dios y ser indiferente al prójimo. Qué importante es hacer un examen de conciencia, como Ignacio de Loyola recomienda, para no caer en pretensiones vanas o en relaciones de hipocresía y para no vivir en las tinieblas.

San Juan de la Cruz escribió: *A la tarde te examinarán en el amor.*

Señor, concédeme un corazón capaz de pedir perdón por mis ofensas y perdonar al que me ofenda.

1 Juan 2:3–11
Salmo 96:1–2a,2b–3,5b–6
Lucas 2:22–35

El niño iba creciendo y fortaleciéndose, se llenaba de sabiduría y la gracia de Dios estaba con él.
—LUCAS 2:40

La mayor dicha de los padres es ver a sus hijos crecer y aprender, escucharlos contar sus historias y ser recibidos por ellos con abrazos y besos después de una larga jornada de trabajo.

Trata de adentrarte en la historia del Evangelio, ponte en el papel de José o de María y mira cómo Jesús crece bajo tu guía. ¿Qué crees que sienten ellos al percibir la sabiduría del niño?

1 Juan 2:12–17
Salmo 96:7–8a,8b–9,10
Lucas 2:36–40

Domingo

31 DE DICIEMBRE

• LA SAGRADA FAMILIA DE JESÚS, MARÍA Y JOSÉ •

Quien honra a su padre,
encontrará alegría en sus hijos
y su oración será escuchada;
el que enaltece a su padre, tendrá larga vida
y el que obedece al Señor, es consuelo de su madre.
—ECLESIÁSTICO 3:5–6

Dios Padre, en su infinito amor, quiso que su hijo naciera y creciera en una familia. Es en el seno de una familia donde se aprenden los valores del respeto, de la confianza, del perdón y del amor.

En nuestra oración, recordemos a todas las familias que están pasando por momentos de crisis, para que hallen consuelo en la Sagrada Familia.

Génesis 15:1–6; 21:1–3 o
Eclesiástico 3:2–6,12–14
Salmo 105:1–2,3–4,5–6,8–9 (7a,8a)
o Salmo 128:1–2,3,4–5
Hebreos 11:8,11–12,17–19 o
Colosenses 3:12–21 o 3:12–17
Lucas 2:22–40 o 2:22,39–40

1 DE ENERO

• MARÍA SANTÍSIMA, MADRE DE DIOS •

María, por su parte, guardaba todas estas cosas y las meditaba
en su corazón.
—LUCAS 2:19

Todos los días ocurren milagros: se pueden ver en la calle, en las personas, en la creación misma. Pero estamos tan saturados de ruido y de distracciones, que pocas veces percibimos la grandeza de Dios en todo lo que hace.

Sé consciente de tu entorno y mira a tu alrededor. ¿Qué percibes? ¿Puedes ver el rostro del Señor en los demás?

Números 6:22–27
Salmo 67:2–3,5,6,8 (2a)
Gálatas 4:4–7
Lucas 2:16–21

• SAN BASILIO MAGNO Y SAN GREGORIO NACIANCENO, OBISPOS Y DOCTORES DE LA IGLESIA •

Juan les contestó: "Yo soy la voz que grita en el desierto: 'Enderecen el camino del Señor', *como anunció el profeta Isaías*".
—JUAN 1:23

Juan Bautista es la voz, no es la Palabra. La Palabra es Jesús de Nazaret. Los discípulos misioneros debemos ser voces en los desiertos espirituales del hombre. La voz ha de llegar al oído para que la Palabra penetre y sacuda con fuerza el corazón de hombres y mujeres.

¿Soy voz del Señor? ¿Hablan mis labios de las grandezas del Señor?

1 Juan 2:22–28
Salmo 98:1,2–3ab,3cd–4
Juan 1:19–28

Miren cuánto amor nos ha tenido el Padre, pues no solo nos llamamos hijos de Dios, sino que lo somos.
—1 JUAN 3:1

¡Qué bendición ser parte del pueblo de Dios! A través de los méritos de Jesús de Nazaret, no solo podemos llamarnos hijos de Dios, sino que somos hijos de Dios, y cada uno con nombre propio. Esto implica una gran responsabilidad para cada uno de nosotros, sus discípulos, ya que estamos llamados a vivir y dar testimonio como hijos de Dios, sembrando su paz.

¿Hay paz en mi corazón?

1 Juan 2:29—3:6
Salmo 98:1,3cd–4,5–6
Juan 1:29–34

*El primero a quien encontró Andrés, fue a su hermano Simón, y le dijo:
"Hemos encontrado al Mesías" (que quiere decir "el ungido"). Lo llevó a
donde estaba Jesús y éste, fijando en él la mirada, le dijo: "Tú eres Simón,
hijo de Juan. Tú te llamarás Kefás" (que significa Pedro, es decir, "roca").*
—JUAN 1:41–42

Demos gracias a Dios por todo aquel "Andrés" que, de alguna
manera u otra, nos ha llevado y presentado a Jesús de Nazaret.
Que Dios nos impulse a imitar a san Andrés, para que llevemos
a los demás a un encuentro personal con Jesucristo.

¿Quién ha sido ese "Andrés" en mi vida?

1 Juan 3:7–10
Salmo 98:1,7–8,9
Juan 1:35–42

El que no ama permanece en la muerte. El que odia a su hermano es un homicida y bien saben ustedes que ningún homicida tiene la vida eterna.
—1 JUAN 3:15

No solo basta tener fe en Dios, sino también hacer su voluntad. ¿Y cuál es su voluntad? Amar al prójimo como él nos amó, para que así los demás sepan que somos sus discípulos. Sabemos que esto no es fácil, especialmente cuando hay una traición o una ofensa de por medio. Pero el Señor nos invita a no guardar rencores y a perdonar.

¿Hay alguien con quien deba reconciliarme?

1 Juan 3:11–21
Salmo 100:1b–2,3,4,5
Juan 1:43–51

Yo los he bautizado a ustedes con agua, pero él los bautizará con el Espíritu Santo.
—MARCOS 1:8

Cuando la llama del corazón se enciende por el fuego del Espíritu Santo, hay que cuidarla para que no se extinga y hay que echarle carbón para mantenerla. Estos cinco carbones espirituales nos pueden ayudar:

1. La oración

2. Los sacramentos

3. La lectura diaria de la Biblia

4. Las obras corporales y espirituales de misericordia

5. La formación permanente

¿En cuáles de estos cinco carbones espirituales trataré de enfocarme en estos meses?

1 Juan 5:5–13
Salmo 147:12–13,14–15,19–20
Marcos 1:7–11 o Lucas 3:23–38 o
3:23,31–34,36,38

*Entraron en la casa y vieron al niño con María, su madre, y postrándose,
lo adoraron.*
—MATEO 2:11

Sumérgete en la historia bíblica y trata de identificarte con uno
de los sabios de Oriente. La estrella de Oriente te ha llevado
al lugar donde vive el niño Jesús. ¿Qué ves? ¿Qué llevas en tus
manos? ¿Qué piensas regalarle?

¿Está tu corazón listo para adorar al Niño Jesús?

Isaías 60:1–6
Salmo 72:1–2,7–8,10–11,12–13
Efesios 3:2–3a,5–6
Mateo 2:1–12

8 DE ENERO

• BAUTISMO DEL SEÑOR •

Busquen al Señor mientras lo pueden encontrar,
invóquenlo mientras está cerca.
—ISAÍAS 55:6

Por medio del Bautismo se nos regala un tesoro inmenso como perla preciosa: la fe. Algunos tienen la fortuna de recibir este tesoro desde pequeños, gracias a que sus padres toman la decisión de buscar a los padrinos, asistir a clases de preparación bautismal y llevarlos a la iglesia para que reciban este sacramento. El Bautismo es un nuevo nacimiento en el Señor por medio de su hijo Jesucristo en el Espíritu Santo. Así como celebramos nuestro cumpleaños, deberíamos celebrar el día en que fuimos bautizados.

¿Sabes la fecha en que fuiste bautizado? Si no la sabes, ¡averíguala y festéjala!

Isaías 42 1:4 o Isaías 55:1–11 o Hechos de los
Apóstoles 10:34 18 o 1 Juan 5:1–9
Isaías 12:2–3,4bcd,5–6 (3)
o Salmo 29:1–2,3–4,3,9–10
Marcos 1:7–11

9 DE ENERO

Los oyentes quedaron asombrados de sus palabras, pues enseñaba como quien tiene autoridad y no como los escribas.
—MARCOS 1:21

Es enternecedor presenciar el entusiasmo de los niños pequeños al ver un truco de magia, abrir un regalo o escuchar historias de misterio. Lamentablemente, al ir creciendo, vamos perdiendo la capacidad de asombro ante lo misterioso y son pocas las cosas que nos hacen sentir verdadera sorpresa. Sin embargo, en este pasaje, los hombres quedaron asombrados ante las enseñanzas de Jesús de Nazaret.

¿Qué cosas me han sorprendido hoy? ¿Qué aspectos de la vida de Jesús de Nazaret me causan verdadero asombro?

1 Samuel 1:9–20
1 Samuel 2:1,4–5,6–7,8abcd
Marcos 1:21–28

10 DE ENERO

"Habla, Señor; tu siervo te escucha".
—I SAMUEL 3:10B

No es lo mismo oír que escuchar. Oír es simplemente sentir las vibraciones del sonido en el oído. Escuchar es procesar, interiorizar, analizar, comprender y hacer propio el mensaje recibido. Escuchar es todo un arte que requiere de disciplina y que no se aprende de la noche a la mañana.

¿Oigo con los oídos o escucho con el corazón?

1 Samuel 3:1–10,19–20
Salmo 40:2 y 5,7–8a,8b–9,10
Marcos 1:29–39

11 DE ENERO

"Si tú quieres, puedes curarme". Jesús se compadeció de
él. . ."¡Sí quiero: sana!"
—MARCOS 1:40B–41

¡Enamórate!
Nada puede importar más que encontrar a Dios,
es decir, enamorarse de Él
de una manera definitiva y absoluta.
Aquello de lo que te enamoras atrapa tu imaginación
y acaba por ir dejando su huella en todo.
Será lo que decida qué es
lo que te saca de la cama en la mañana,
qué haces con tus atardeceres,
en qué empleas tus fines de semana,
lo que lees, lo que conoces,
lo que rompe tu corazón,
y lo que te sobrecoge de alegría y gratitud.
¡Enamórate! ¡Permanece en el amor!
Todo será de otra manera.

—Pedro Arrupe, SJ

1 Samuel 4:1–11
Salmo 44:10–11,14–15,24–25
Marcos 1:40–45

Viendo Jesús la fe de aquellos hombres, le dijo al paralítico: "Hijo, tus pecados te quedan perdonados".
—MARCOS 2:5

¡Qué importante es el apoyo de la comunidad de creyentes y de la Iglesia para aquel que busca el rostro del Señor! Los creyentes que llevaron al paralítico ante los pies de Jesús posibilitaron el encuentro para que fuese curado. Así mismo, la Iglesia, como madre, ayuda y apoya a cada uno de sus hijos presentándolos a los pies de Jesús.

¿Quiénes son los amigos que me acercan a Jesús?

1 Samuel 8:4–7,10–22a
Salmo 89:16–17,18–19
Marcos 2:1–12

Jesús les dijo: "No son los sanos los que tienen necesidad del médico, sino los enfermos. Yo no he venido para llamar a los justos, sino a los pecadores".
—MARCOS 2:17

Tan grande es el amor de Dios por su creación que nunca la abandona, sino que envía al médico de médicos —a su hijo Jesucristo— para darnos la Salvación. A veces la soberbia, el dolor y el rencor no permiten que nuestras heridas sean tocadas para que sanen.

¿Qué áreas de mi vida necesitan de la sanación de Jesucristo?

1 Samuel 9:1–4,17–19; 10:1a
Salmo 21:2–3,4–5,6–7
Marcos 2:13–17

Y viendo que lo seguían, [Jesús] les preguntó: "¿Qué buscan?" Ellos le contestaron: "¿Dónde vives, Rabí?" (Rabí significa "maestro").
—JUAN 1:38

A pesar de todo, el hombre, / pequeña parte de tu creación, quiere alabarte. / Tú mismo le incitas a ello, / haciendo que encuentre sus delicias en tu alabanza, / porque nos has hecho para ti y nuestro corazón está inquieto / mientras no descansa en ti. / (San Agustín, *Confesiones,* 1, 1,1).

No hay poder ni riqueza material que aseguren la vida eterna.

¿Qué es lo que mi corazón busca sinceramente?

1 Samuel 3:3b–10,19
Salmo 40:2,4,7–8,8–9,10 (8a,9a)
1 Corintios 6:13c–15a,17–20
Juan 1:35–42

La obediencia vale más que el sacrificio, y la docilidad, más que la grasa de los carneros.
—I SAMUEL 15:22B

Somos rápidos en culpar a alguien que no sigue las reglas o las normas que rigen a la sociedad. De hecho, se nos ha enseñado que, si no acatamos las reglas establecidas, habrá serias consecuencias. Pero no es este tipo de obediencia de la que habla el Señor, sino de aquella obediencia que nace por amor. Hoy, el Señor nos enseña que sus leyes no son como las de los hombres, sino que nos demuestra uno de sus grandes atributos: su misericordia divina.

En oración, pide al Señor que te ayude a tener compasión del mismo modo que él.

1 Samuel 15:16–23
Salmo 50:8–9,16bc–17,21 y 23
Marcos 2:18–22

"El sábado se hizo para el hombre y no el hombre para el sábado. Y el Hijo del hombre también es dueño del sábado".
—MARCOS 2:27–28

Hoy por hoy es usual que la gente publique sus fotos en las redes sociales para que sean apreciadas y comentadas por sus amigos y conocidos. Esto, aunque en esencia no es malo, puede hacer que nos centremos demasiado en nosotros mismos y desplacemos a nuestro primer amor: Dios. No olvidemos que el Hijo del hombre, el Señor, también es dueño del sábado, y que esto enfatiza lo que el primer mandamiento nos enseña: "Amarás al Señor, tu Dios, con todo tu corazón, con toda tu alma, con todas tus fuerzas".

¿Está Dios en el centro de mi vida?

1 Samuel 16:1–13
Salmo 89:20,21–22,27–28
Marcos 2:23–28

17 DE ENERO

David le replicó: "Tú vienes hacia mí con espada, lanza y jabalina. Pero yo voy contra ti en el nombre del Señor de los ejércitos".
—I SAMUEL 17:45

David se enfrenta al filisteo Goliat y, a pesar de la estatura y la musculatura del gigante, no retrocede. David confía plenamente en el Señor de los ejércitos y sabe que no hay arma letal que pueda herir ni derrotar al Dios de Israel. En efecto, con las armas más sencillas, David pudo derrotar a Goliat y al ejército filisteo.

Ante los retos y miedos, ¿confío en la mano de Dios para enfrentarlos?

1 Samuel 17:32–33,37,40–51
Salmo 144:1b,2,9–10
Marcos 3:1–6

Jueves

18 DE ENERO

"Juro por Dios que David no morirá".
—I SAMUEL 19:6

La envidia corroe los huesos, nos dice la Biblia. La envidia divide, rompe y acarrea otra serie de pecados graves ¡Cuánto mal nos hace! Abrirle la puerta a la envidia trae amargura al corazón haciendo que se marchite poco a poco. El rey Saúl siente esa presión al escuchar que la gente aclama al joven David, y está a punto de mandarlo asesinar.

Pide al Señor que te libere de todo sentimiento negativo hacia tu prójimo y que abra tu corazón a la nobleza y la bondad.

1 Samuel 18:6–9; 19:1–7
Salmo 56:2–3,9–10a,10b–11,12–13
Marcos 3:7–12

19 DE ENERO

Jesús subió al monte, llamó a los que él quiso, y ellos lo siguieron.
—MARCOS 3:13

Este pasaje nos recuerda lo que hizo Moisés al subir al Monte Sinaí por mandato de Dios, mientras el pueblo esperaba abajo las indicaciones recibidas. Jesús, como buen maestro, sube con autoridad al monte. Sin embargo, a diferencia de otros maestros de su tiempo, llamó a los que él quiso para que convivieran con él y para enviarlos a misionar después.

¡El Señor te llama! ¿Cuál es tu labor en el día de hoy?

1 Samuel 24:3–21
Salmo 57:2,3–4,6 y 11
Marcos 3:13–19

Sábado
20 ENERO

• SAN FABIÁN, PAPA Y MÁRTIR • SAN SEBASTIÁN, MÁRTIR •

En aquel tiempo, Jesús entró en una casa con sus discípulos y acudió tanta gente, que no los dejaban ni comer.
—MARCOS 3:20

Durante mis años de juventud, todos los domingos hacia las tres de la tarde nos reuníamos en la casa de mis abuelos maternos para comer. Los siete hijos de los abuelos con sus respectivos hijos dedicábamos este momento a compartir y convivir. Y aunque no había suficiente espacio para todos —al igual que ocurre en este pasaje del Evangelio— nadie se quejaba. Al contrario, lo más lindo era ese calor de hogar que se sentía al reunirnos alrededor de la mesa.

¿Dedico tiempo a compartir los alimentos con mis familiares?

2 Samuel 1:1–4,11–12,19,23–27
Salmo 80:2–3,5–7
Marcos 3:20–21

Jesús se fue a Galilea para predicar el Evangelio de Dios y decía: "Se ha cumplido el tiempo y el Reino de Dios ya está cerca. Arrepiéntanse y crean en el Evangelio".
—MARCOS 1:14B–15

Jesús predica la palabra por aquellos rincones que lo vieron crecer. Así inicia la misión para la que fue enviado: revelar el amor del Padre y construir el Reino de Dios.

La condición para ser parte del Reino de Dios es arrepentirse, es decir, tener una conversión plena y creer en el mensaje del Evangelio que Jesús viene a traer. Se dice que la verdadera conversión comienza en casa, en esos lugares que nos vieron crecer.

¿De qué maneras comparto el Evangelio con mi familia?

Jonás 3:1–5,10
Salmo 25:4–5,6–7,8–9 (4a)
1 Corintios 7:29–31
Marcos 1:14–20

22 DE ENERO

• DÍA DE ORACIÓN POR LA PROTECCIÓN LEGAL DE LOS NO NACIDOS •

"Tú serás el pastor de Israel, mi pueblo; tú serás su guía".
—2 SAMUEL 5:2B

En este día que rezamos por la protección legal de los no nacidos, imploramos al Señor el perdón por los pecados cometidos contra estos inocentes y por todas las madres que han sufrido el trauma de un aborto. Hoy más que nunca precisamos de la oración para que juntos, como nación, podamos decir: "Tú Señor, serás nuestra guía".

¿Cómo puedo ayudar en mi parroquia a crear conciencia sobre la protección legal de los no nacidos?

2 Samuel 5:1–7,10
Salmo 89:20,21–22,25–26
Marcos 3:22–30

23 DE ENERO

"Estos son mi madre y mis hermanos. Porque el que cumple la voluntad de Dios, ése es mi hermano, mi hermana y mi madre".
—MARCOS 3:34B–35

Seguir a Cristo significa ser su discípulo y su hermano, así como ayudar a cargar su cruz. Un Cristo sin cruz no es el Evangelio, y una cruz sin Cristo es un engaño. ¿Queremos cumplir la voluntad de Dios? Entonces el Evangelio nos llama a dar de comer al hambriento, acoger al forastero, vestir al desnudo y visitar al enfermo o al prisionero. Así reconocemos a nuestros hermanos y hermanas que sufren en Cristo.

¿Qué sentimientos y emociones surgen en mi corazón? ¿He aceptado cargar la cruz con paciencia y esperanza?

2 Samuel 6:12b–15,17–19
Salmo 24:7,8,9,10
Marcos 3:31–35

24 DE ENERO

• SAN FRANCISCO DE SALES, OBISPO Y DOCTOR DE LA IGLESIA •

Yo estaré contigo en todo lo que emprendas, acabaré con tus enemigos y te haré tan famoso como los hombres más famosos de la tierra.
—2 SAMUEL 7:9

La confianza puede crecer cuando hay una relación de respeto y puede destruirse cuando hay ofensas de por medio. Sin embargo, Dios nos promete que siempre estará con nosotros a pesar de nuestras ofensas. Dios se hace presente de manera especial y singular a través de la recepción de los sacramentos.

¿Acudo a recibir el sacramento de la Reconciliación siempre que lo necesito?

2 Samuel 7:4–17
Salmo 89:4–5,27–28,29–30
Marcos 4:1–20

"Vayan por todo el mundo y prediquen el Evangelio a toda creatura. El que crea y se bautice, se salvará; el que se resista a creer, será condenado".
—MARCOS 16:15-16

Impulsados por el Espíritu Santo, los apóstoles llevaron a cabo fielmente la tarea encomendada por Jesús de Nazaret, lo que permitió que fueran creciendo las comunidades de cristianos.

Hoy, la Iglesia recuerda a una de sus grandes figuras, Saulo de Tarso, mejor conocido como san Pablo, el apóstol de los gentiles. San Pablo fue un evangelizador celoso que llevó a cabo fielmente la tarea de dar su vida por el Evangelio, ayudando a que numerosas comunidades de seguidores de Cristo surgieran por todo el mundo.

¡San Pablo, ruega por nosotros!

Hechos de los Apóstoles 22:3–16 o 9:1–22
Salmo 117:1bc,2
Marcos 16:15–18

Porque el Señor no nos ha dado un espíritu de temor, sino de fortaleza, de amor y de moderación.
—2 TIMOTEO 1:7

Timoteo y Tito fueron colaboradores cercanos de Pablo. Timoteo es considerado el "discípulo amado de Pablo", mientras que Tito es conocido como "el secretario de Pablo". Ambos fueron excelentes misioneros, ganándose el respeto de las comunidades que les fueron confiadas por Pablo. Grandes obispos de la evangelización, aprendieron a no esconder ni aminorar el papel del Espíritu, sino a predicar el Evangelio con valentía y amor.

Pido al Espíritu Santo que me dé la fortaleza y el amor para predicar su Evangelio a pesar de las dificultades.

2 Timoteo 1:1–8 o Tito 1:1–5
Salmo 96:1–2a,2b–3,7–8a,10
Marcos 4:26–34

Un día, al atardecer, Jesús dijo a sus discípulos: "Vamos a la otra
orilla del lago".
—MARCOS 4:35

Jesús viene a cumplir la misión del Padre y no desperdicia ni un segundo para continuar obrando. Al igual que Cristo, el discípulo no puede malgastar ni desperdiciar ocasión alguna para construir el Reino de Dios. El discípulo no puede quedarse estancado, sino que debe dirigirse hasta "la otra orilla del lago". La orilla puede representar las periferias existenciales de la humanidad: aquellos hermanos que no tienen un pan que comer, que no tienen voz ni voto, o que están marginados, enfermos o tienen discapacidades. ¡Todos necesitan escuchar el Evangelio del Señor!

¿Hay alguien de mi entorno que vive a "la otra orilla del lago"? ¿Qué puedo hacer para ayudar a construir el Reino de Dios?

2 Samuel 12:1–7a,10–17
Salmo 51:12–13,14–15,16–17
Marcos 4:35–41

$\mathcal{D}$ o m i n g o

28 DE ENERO

• IV DOMINGO DEL TIEMPO ORDINARIO •

Había en la sinagoga un hombre poseído por un espíritu inmundo, que se puso a gritar: "¿Qué quieres tú con nosotros, Jesús de Nazaret? ¿Has venido a acabar con nosotros?".
—MARCOS 1:23–24

El Evangelio nos narra que, mientras Jesús estaba en la sinagoga, un hombre estaba poseído por un espíritu inmundo. Son estos espíritus inmundos los que tratan de destruir lo más sagrado de Dios: el ser humano.

Otra figura que nos sirve para ilustrar esto es la de Franscisco Forgiones, quien tomó el nombre de Pio de Pietrelcina. Se sabe que, cuando era niño, Francisco ya peleaba con el demonio. Durante sus años de juventud, mientras más alto escalaba el joven sacerdote hacia la perfección, más era acechado por el demonio y más crecían su fe y amor en el Señor.

Señor, en oración te pido: no nos dejes caer en tentación y líbranos de todo mal. Amén.

Deuteronomio 18:15–20
Salmo 95:1–2,6–7,7–9 (8)
1 Corintios 7:32–35
Marcos 1:21–28

Apenas desembarcó Jesús, vino corriendo desde el cementerio un hombre poseído por un espíritu inmundo, que vivía en los sepulcros. Ya ni con cadenas podían sujetarlo; a veces habían intentado sujetarlo con argollas y cadenas, pero él rompía las cadenas y destrozaba las argollas; nadie tenía fuerzas para dominarlo.
—MARCOS 5:2–4

¡Dios es un Dios de vivos y no de muertos! El cementerio representa el mundo de las tinieblas, el mundo de la muerte donde este hombre sin nombre podría ser cualquiera de nosotros.

¿Alguna vez te has sentido tan desesperado como este hombre? ¿Conoces a alguien que quizás se sienta así? Siempre, a cualquier hora, puedes acudir a Jesús y pedirle que te ayude.

2 Samuel 15:13–14,30; 16:5–13
Salmo 3:2–3,4–5,6–7
Marcos 5:1–20

[Jesús] les preguntó: "¿Quién ha tocado mi manto?" Sus discípulos le contestaron: "¿Estás viendo cómo te empuja la gente y todavía preguntas '¿Quién me ha tocado?'".
—MARCOS 5:30–31

Jesús pregunta a sus discípulos: "¿Quién ha tocado mi manto?". Su pregunta tiene una clara simbología: enseñar a sus discípulos a reconocer que la salvación del Reino de Dios ha llegado para todos, incluso para alguien como esta mujer, que lo ha intentado todo hasta perder la esperanza. Jesús sabe que son los enfermos los que más necesitan de un médico.

¡Ve hasta los que sufren y ayúdalos a tocar el manto de Jesús!

2 Samuel 18:9–10,14b,24–25a,30—19:3
Salmo 86:1–2,3–4,5–6
Marcos 5:21–43

31 DE ENERO

David le respondió: ". . . prefiero caer en manos de Dios, que es el Señor de la misericordia, que en manos de los hombres". Y escogió la peste.
—2 SAMUEL 24:14–15A

El profeta Gad le presenta tres tipos de castigo al rey David. Este opta por el castigo que sabe que vendría de Dios, pues sabe que Dios —a diferencia de los seres humanos— siempre es misericordioso, siempre es justo, nunca busca la venganza y siempre nos ofrece su perdón y amor.

Cuando me enfrento a mis propios errores, ¿confío también en la misericordia de Dios?

2 Samuel 24:2,9–17
Salmo 32:1–2,5,6,7
Marcos 6:1–6

[Jesús] les mandó que no llevaran nada para el camino: ni pan, ni mochila, ni dinero en el cinto, sino únicamente un bastón, sandalias y una sola túnica.
—MARCOS 6:8–9

Jesús instruye a los doce y los envía como misioneros de dos en dos, indicándoles que llevaran lo esencial para cumplir la misión. Y, ¿qué es lo esencial? Confiar y poner todos los esfuerzos de obra apostólica y evangelización bajo el nombre de Dios. Lo demás es secundario, ya que el Señor proveerá lo necesario a cada uno de sus hijos.

Antes de comenzar el día, ¿pienso en cómo Dios va a estar conmigo, dándome todo lo necesario?

1 Reyes 2:1–4,10–12
1 Crónicas 29:10,11ab,11d–12a,12bcd
Marcos 6:7–13

2 DE FEBRERO

• PRESENTACIÓN DEL SEÑOR •

[María] y José llevaron al niño a Jerusalén para presentarlo al Señor.
—LUCAS 2:22

¡Qué bello es ver a los padres de familia llevar a sus hijos a la iglesia para que reciban el Bautismo o se preparen para la Primera Comunión! ¡Qué vital es el papel de los padres en la formación de la fe de sus hijos! No se trata solo de llevarlos a recibir los sacramentos, sino de evangelizarlos y formarlos en la fe de la Iglesia, porque es en la comunidad parroquial donde nuestras alegrías y dolencias y nuestros cansancio y júbilo son presentados ante el Señor para que él los transforme.

Pido por todos los padres de familia, para que puedan ser luz para sus hijos.

Malaquías 3:1–4
Salmo 24:7,8,9,10
Hebreos 2:14–18
Lucas 2:22–40

3 DE FEBRERO

"Vengan conmigo a un lugar solitario, para que descansen un poco".
—MARCOS 6:31

Unos años atrás leí un artículo que hablaba sobre la falta de descanso entre los trabajadores en países desarrollados, en especial aquí en los Estados Unidos.

El estudio revelaba que un 41% de los trabajadores no toman vacaciones por miedo a la acumulación de trabajo que tendrán a su regreso, y los que sí toman vacaciones se llevan el trabajo para hacerlo en su tiempo de descanso.

Jesús reconoce que sus apóstoles necesitan descanso tras el trabajo, ya que el estrés y el agotamiento pueden ser perjudiciales para continuar edificando el Reino de Dios. Por eso, los cristianos santificamos el Día del Señor asistiendo a misa y dedicando tiempo a la recreación que nos aleje de la rutina diaria.

¿Descanso lo suficiente? ¿Qué espacios y oportunidades sanas busco para recrearme?

1 Reyes 3:4–13
Salmo 119:9,10,11,12,13,14
Marcos 6:30–34

Mis días corren más aprisa que una lanzadera
y se consumen sin esperanza.
—JOB 7:6

A veces dedicamos demasiado tiempo a cosas que no alimentan nuestro espíritu, como las redes sociales, los chismes de farándula o la televisión. Al lado de estas distracciones propias de la sociedad moderna, es importante dejar espacios para reflexionar y escuchar la voz del Señor, que es la fuente de nuestra esperanza y quien da sentido a nuestra vida.

¿Reservo momentos del día para oír la voz del Señor?

Job 7:1–4,6–7
Salmo 147:1–2,3–4,5–6
1 Corintios 9:16–19,22–23
Marcos 1:29–39

5 DE FEBRERO

• SANTA ÁGUEDA, VIRGEN Y MÁRTIR •

Apenas bajaron de la barca, la gente los reconoció y de toda aquella región acudían a él, a cualquier parte donde sabían que se encontraba, y le llevaban en camillas a los enfermos.
—MARCOS 6:54–55

Todos hemos estado enfermos en algún momento. Todos hemos sufrido. Y todos hemos deseado la sanación, para nosotros mismos y para las personas que sufren a nuestro alrededor. Todos buscamos la Buena Nueva de la Salvación que Jesús nos ofrece y pone a nuestro alcance. Si se lo permitimos, es a él a quien nuestro corazón acude, allí donde se encuentra.

¿Me permito acudir a Jesús cuando necesito su sanación?

1 Reyes 8:1–7,9–13
Salmo 132:6–7,8–10
Marcos 6:53–56

Martes

6 DE FEBRERO

• SAN PABLO MIKI Y COMPAÑEROS, MÁRTIRES •

Porque Moisés dijo: Honra a tu padre y a tu madre. El que maldiga a
su padre o a su madre, morirá.
—MARCOS 7:10

¡Qué importante es respetar los pilares de una familia, como
son los padres y los abuelos! Los valores cristianos —como el
respeto a los mayores, la noción de lo sagrado, la honestidad
y la verdad— se aprenden en el seno del hogar. El papa
Francisco dijo:

> Un pueblo que no custodia a los abuelos, un pueblo que
> no respeta a los abuelos, no tiene futuro, porque no tiene
> memoria, ha perdido la memoria. Oremos por nuestros
> abuelos, nuestras abuelas, que tantas veces han tenido un
> papel heroico en la transmisión de la fe en tiempo de
> persecución.
> —Papa Francisco 19 de noviembre de 2013

1 Reyes 8:22–23,27–30
Salmo 84:3,4,5 y 10,11
Marcos 7:1–13

7 DE FEBRERO

Jesús llamó de nuevo a la gente y les dijo: "Escúchenme todos y entiéndanme. Nada que entre de fuera puede manchar al hombre; lo que sí lo mancha es lo que sale de dentro".
—MARCOS 7:14–15

Llenemos nuestro corazón de ternura, bondad, sencillez y buenos pensamientos. Dejemos afuera la ira, las malas intenciones, la envidia y todo aquello que nos roba la verdadera alegría de ser discípulos de Cristo. Pidamos al Señor que nos conceda un corazón bondadoso.

¿Hay algún rencor o alguna mancha que perturbe mi corazón?

1 Reyes 10:1–10
Salmo 37:30–31,39–40
Marcos 7:14–23

Jueves

8 DE FEBRERO

• SAN JERÓNIMO EMILIANO, PRESBÍTERO • SANTA JOSEFINA
BAKHITA, VIRGEN •

Él calmó la sed de los sedientos y a los hambrientos los llenó de bienes.
—SALMO 106:40

Hoy, la Iglesia celebra la vida de santa Josefina Bakhita, que desde muy pequeña fue vendida como esclava en África. Cuando tenía unos 13 años, su cuarto amo la tatuó y le realizó 114 incisiones en el cuerpo, ordenando que le echaran sal en las heridas durante un mes para evitar infecciones. Bakhita fue maltratada y humillada durante muchos años, pero finalmente tuvo la fortuna de que su quinto amo fuera bueno con ella. Cuando obtuvo la libertad, Bakhita realizó un viaje a Italia, donde conoció a las Hermanas de Canossa y decidió convertirse en religiosa tras un encuentro personal que tuvo con Jesucristo. El nombre Bakhita significa "afortunada".

¡Señor, calma mi sed!

1 Reyes 11:4–13
Salmo 106:3–4,35–36,37 y 40
Marcos 7:24–30

Viernes
9 DE FEBRERO

Después, mirando al cielo, suspiró y le dijo: "¡Effetá!" (que quiere decir "¡Ábrete!"). Al momento se le abrieron los oídos, se le soltó la traba de la lengua y empezó a hablar sin dificultad.
—MARCOS 7:34–35

Cuando escuchamos de verdad, nuestros oídos se abren a las maravillas de Dios. Al escuchar, presenciamos el milagro del canto de los pájaros o el sonido del mar o del viento. Al escuchar, sabemos lo que nuestros semejantes sienten y viven. Al escuchar, nos acercamos más a Dios. ¡No permitamos que las distracciones o el exceso de trabajo nos roben el placer de escuchar!

¿Pongo atención a lo que sucede a mi alrededor? ¿Escucho de verdad los deseos de mi corazón?

1 Reyes 11:29–32; 12:19
Salmo 81:10–11ab,12–13,14–15
Marcos 7:31–37

10 DE FEBRERO

• SANTA ESCOLÁSTICA, VIRGEN •

La gente comió hasta quedar satisfecha, y todavía se recogieron siete canastos de sobras.
—MARCOS 8:8

Una de las necesidades principales del ser humano es saciar su hambre, y Jesús, desde que nació en el pesebre, comenzó a alimentar a la humanidad. Él es el "pan bajado del cielo", el "verdadero maná". Ha venido precisamente a llenar y satisfacer las necesidades que todos tenemos: hambre de pan, de paz y de justicia.

¿Qué vacíos o necesidades siento en mi vida?

1 Reyes 12:26–32; 13:33–34
Salmo 106:6–7ab,19–20,21–22
Marcos 8:1–10

11 DE FEBRERO

• VI DOMINGO DEL TIEMPO ORDINARIO •

Por mi parte, yo procuro dar gusto a todos en todo, sin buscar mi propio interés, sino el de los demás, para que se salven. Sean, pues, imitadores míos, como yo lo soy de Cristo.
—I CORINTIOS 10:33—11:1

Pablo fue un hombre que se entregó completamente al Señor y a la tarea de edificar el Reino de Dios. De la misma manera, millones de padres y madres alrededor del mundo se entregan por completo a sus familias, haciendo un esfuerzo supremo para proveer todo lo necesario a sus hijos y hacer que crezcan en un ambiente de respeto, amor y armonía.

¿Sigo al Señor desinteresadamente o con algún interés? ¿Hay entrega en mi búsqueda del Señor?

Levítico 13:1–2,44–46
Salmo 32:1–2,5,11 (7)
1 Corintios 10:31—11:1
Marcos 1:40–45

Lunes

12 DE FEBRERO

Quien es inconstante e indeciso en su vida, no recibirá nada del Señor.
—SANTIAGO 1:7–8

No es fácil llegar a nuestras metas. Aun cuando el alcanzarlas está en nuestras manos, a veces los retos son muchos y nos damos por vencidos. ¡La clave está en la perseverancia! El Señor lo sabe, y por eso nos dice que aquella persona que es inconstante no recibe nada de él.

Espíritu Santo, dame fortaleza para perseverar.

Santiago 1:1–11
Salmo 119:67,68,71,72,75,76
Marcos 8:11–13

13 DE FEBRERO

¿Tan embotada está su mente? ¿Para qué tienen ustedes ojos, si no ven, y oídos, si no oyen? ¿No recuerdan cuantos canastos de sobras recogieron, cuando repartí cinco panes entre cinco mil hombres?
—MARCOS 8:17–19

Si estamos distraídos y ocupados, es fácil pasar por alto los milagros que Dios obra en nuestra vida. Pero si adquirimos una actitud de reflexión, meditación y contemplación, podremos percibir y saborear los instantes en que Dios nos toca con su milagrosa mano.

¡Déjate sorprender por las pequeñas y grandes cosas de la vida y descubre la grandeza de Dios!

Santiago 1:12–18
Salmo 94:12–13a,14–15,18–19
Marcos 8:14–21

14 DE FEBRERO

• MIÉRCOLES DE CENIZA •

*"Tengan cuidado de no practicar sus obras de piedad delante de los hombres
para que los vean. De lo contrario, no tendrán recompensa con su
Padre celestial".*
—MATEO 6:1

Hoy, la Iglesia da inicio a la Cuaresma y llama a todos sus hijos a la conversión. Las cenizas en la frente simbolizan nuestra necesidad de arrepentimiento. Es tiempo de hacer un alto y tomar conciencia de las fallas que hemos cometido en nuestra vida.

¿Cómo me voy a preparar para vivir esta Cuaresma de manera distinta a años previos?

Joel 2:12–18
Salmo 51:3–4,5–6ab,12–13,14 y 17
2 Corintios 5:20—6:2
Mateo 6:1–6,16–18

15 DE FEBRERO

"Si alguno quiere acompañarme, que no se busque a sí mismo, que tome su cruz de cada día y me siga".
—LUCAS 9:23

Acompañar es en sí un arte que requiere de disciplina, tiempo, confianza y apertura. Acompañar es caminar al lado de la persona ofreciéndole nuestra atención, nuestros sentidos y lo que somos como personas. Hoy, el Señor nos invita a que carguemos la cruz y estemos dispuestos a caminar a su lado.

Cierra los ojos e imagina al Señor caminando a tu lado. ¿Qué hay a tu alrededor? ¿Qué te dice Jesús?

Deuteronomio 30:15–20
Salmo 1:1–2,3,4 y 6
Lucas 9:22–25

16 DE FEBRERO

El ayuno que yo quiero de ti es éste, dice el Señor:
Que rompas las cadenas injustas
y levantes los yugos opresores;
que liberes a los oprimidos
y rompas todos los yugos.
—ISAÍAS 58:6

Es posible que nos hayamos abstenido de comer carne y que en nuestra mesa haya capirotada, tortas de camarón y lentejas, como dicta la Cuaresma. Pero, ¿es esto lo único que nos pide el Señor que hagamos?

¿Qué puedo hacer para ayudar a romper las cadenas injustas y aminorar el sufrimiento a mi alrededor?

Isaías 58:1–9a
Salmo 51:3–4,5–6ab,18–19
Mateo 9:14–15

17 DE FEBRERO

• LOS SIETE SANTOS FUNDADORES DE LA ORDEN DE LOS SIERVOS DE LA
VIRGEN MARÍA •

"Cuando renuncies a oprimir a los demás
y destierres de ti el gesto amenazador y la palabra ofensiva;
cuando compartas tu pan con el hambriento
y sacies la necesidad del humillado,
brillará tu luz en las tinieblas".
—ISAÍAS 58:9b–10

Todos debemos hacer un esfuerzo por evitar palabras ofensivas o actitudes hirientes que puedan lastimar a terceras personas o dañar nuestras relaciones. Siguiendo el ejemplo de Jesús, tratemos a los demás como quisiéramos ser tratados y ofrezcamos una palabra de apoyo o una sonrisa amable a aquel que se cruce en nuestro camino. Es tiempo de comenzar de nuevo, de restablecer relaciones y de sanar viejas heridas.

¿Conozco a alguien que necesite hoy una palabra de apoyo?

Isaías 58:9b–14
Salmo 86:1–2,3–4,5–6
Lucas 5:27–32

El Espíritu impulsó a Jesús a retirarse al desierto, donde permaneció cuarenta días y fue tentado por Satanás.
—MARCOS 1:12–13A

Durante este tiempo de Cuaresma, la Iglesia nos pide que vayamos a ese desierto de nuestra vida y que nos despojemos de esas cosas que no nos permiten ser felices ni acercarnos al Señor. Dios nos llevará por sus senderos.

¿Cuáles son los desiertos espirituales de mi vida? ¡Señor, llévame y guíame!

Génesis 9:8–15
Salmo 25:4–5,6–7,8–9
1 Pedro 3:18–22
Marcos 1:12–15

19 DE FEBRERO

No oprimas ni explotes a tu prójimo. No retengas hasta el día siguiente el salario del que trabaja para ti. No maldigas al sordo, ni pongas tropiezos ante el ciego. Teme a tu Dios. Yo soy el Señor.
—LEVÍTICO 19:13–14

Se dice que una sociedad se mide por el trato que les brinda al forastero, a los niños y a los ancianos. Lamentablemente, hay personas que se aprovechan de aquellos que no tienen malicia o que están en circunstancias de desventaja. Incluso hay dichos como *"más sabe el diablo por viejo que por diablo"*, haciendo alusión a que una persona sabe sacar ventaja por sus experiencias.

¿Hay alguna situación en la que podría aprovecharme de mi prójimo? ¿Qué puedo hacer para resistir esa tentación?

Levítico 19:1–2,11–18
Salmo 19:8,9,10,15
Mateo 25:31–46

20 DE FEBRERO

El Padre sabe lo que les hace falta, antes de que se lo pidan.
—MATEO 6:8

Un buen padre o madre de familia sabe lo que necesitan sus hijos sin que ellos tengan que pedirlo. Con mayor razón Dios, conocedor de los anhelos más íntimos de sus hijos, puede concedernos lo mejor. Basta con que nos acerquemos a él de corazón, reconociendo de manera sincera que él es nuestro Padre y que solo él puede satisfacer nuestras necesidades.

¿En qué momentos acudo a Dios? ¿Confío plenamente en él?

Isaías 55:10–11
Salmo 34:4–5,6–7,16–17,18–19
Mateo 6:7–15

21 DE FEBRERO

• SAN PEDRO DAMIÁN, OBISPO Y DOCTOR DE LA IGLESIA •

Cuando Dios vio sus obras y cómo se convertían de su mala vida, cambió de parecer y no les mandó el castigo que había determinado imponerles.
—JONÁS 3:10

Son nuestras obras y nuestros hechos los que dan testimonio de nuestra personalidad. Se dice que vale más un buen amor que mil costales de oro, y ese buen amor solo nace si hay disposición, apertura y la intención de ofrecer nuestro afecto a los demás.

Repasa tu jornada y pregúntate: ¿Dónde estaba Dios en todo lo que hice hoy?

Jonás 3:1–10
Salmo 51:3–4,12–13,18–19
Lucas 11:29–32

22 DE FEBRERO

• LA CÁTEDRA DE SAN PEDRO, APÓSTOL •

Apacienten el rebaño que Dios les ha confiado y cuiden de él no como
obligados por la fuerza, sino de buena gana, como Dios quiere.
—1 PEDRO 5:2

En este día damos gracias a Dios por todos esos sacerdotes y
laicos comprometidos que han dado su vida por el Evangelio.
Hombres y mujeres que han respondido al llamado de Dios
y han renunciado a todo por seguir a Cristo. En especial
oremos por el Sumo Pontífice para que el Espíritu Santo lo siga
acompañando y fortaleciendo en su ministerio como Vicario
de Cristo.

1 Pedro 5:1–4
Salmo 23:1–3a,4,5,6
Mateo 16:13–19

Todo el que se enoje con su hermano, será llevado también ante el tribunal.
—MATEO 5:22B

Todos hemos tenido diferencias con un ser querido, con un amigo, con un compañero de trabajo o con un vecino. Pero si guardamos el enojo, este se puede convertir en rencor y el rencor en ira. ¡No dejemos que el enojo se apodere de nuestro corazón! Si tenemos una diferencia con alguien, tratemos de resolverla antes de que se transforme en rencor.

¿A quién debo perdonar o pedir perdón hoy?

Ezequiel 18:21–28
Salmo 130:1–2,3–4,5–7a,7bc–8
Mateo 5:20–26

Sean, pues, perfectos como su Padre celestial es perfecto.
—MATEO 5:48

¡Qué fácil es rodearnos de gente que piensa igual que nosotros!
¡Pero qué difícil es relacionarnos con aquellos que tienen ideas,
costumbres o modos de vida distintos a los nuestros! A veces
son nuestros propios prejuicios los que nos aíslan de los demás
impidiéndonos disfrutar de una cultura de encuentro. Pero
Jesús nos desafía, pues quiere que sus discípulos sean perfectos
como su Padre celestial es perfecto. En pocas palabras, que
vivamos la misericordia de Dios en nuestra vida y con
nuestro prójimo.

¡Señor, que nunca falte tu misericordia!

Deuteronomio 26:16–19
Salmo 119:1–2,4–5,7–8
Mateo 5:43–48

El ángel le dijo: "No descargues la mano contra tu hijo, ni le hagas daño. Ya veo que temes a Dios, porque no les has negado a tu hijo único".
—GÉNESIS 22:12

A veces, cuando las cosas no marchan bien en nuestra vida, sentimos que no le importamos a Dios. ¡Qué difícil nos es reconocer su presencia en las pruebas difíciles!

San Ignacio de Loyola nos enseña que, aunque nos sintamos desolados, nunca debemos cambiar nuestras resoluciones. Al contrario, debemos enfrentar estas pruebas difíciles orando y confiando aún más en Dios, así como lo hizo Abraham.

¿Cuál es mi actitud cuando mis planes se enfrentan a la oposición?

Génesis 22:1–2,9a,10–13,15–18
Salmo 116:10,15,16–17,18–19
Romanos 8:31b–34
Marcos 9:2–10

26 DE FEBRERO

No juzguen y no serán juzgados; no condenen y no serán condenados;
perdonen y serán perdonados.
—LUCAS 6:37

"El perdón es una decisión, no un sentimiento, porque cuando perdonamos, no sentimos más la ofensa, no sentimos más rencor. Perdona, que perdonando tendrás en paz tu alma y la tendrá el que te ofendió".
—Santa Teresa de Calcuta

Dios mío, dame tu gracia y amor para perdonar siempre. Ayúdame a no guardar rencor y a no olvidar que tú me has perdonado a mí.

Daniel 9:4b–10
Salmo 79:8,9,11 y 13
Lucas 6:36–38

"Que el mayor de entre ustedes sea su servidor, porque el que se enaltece será humillado y el que se humilla será enaltecido".
—MATEO 23:11–12

Todavía existe la presunción de que aquel que es mayor en la familia tiene la última palabra. Pero, ¿cuál es el verdadero poder? ¿Radicará acaso en dominar y controlar? ¿En tener la última palabra? Jesucristo es muy claro al decir que el verdadero poder está en el servicio al prójimo. Dar, más que recibir, es la clave para un servicio fecundo.

¿De qué maneras sirvo a los demás y a los de mi parroquia?

Isaías 1:10,16–20
Salmo 50:8–9,16bc–17,21 y 23
Mateo 23:1–12

28 DE FEBRERO

"El que quiera ser grande entre ustedes, que sea el que los sirva, y el que quiera ser primero, que sea su esclavo; así como el Hijo del hombre no ha venido a ser servido, sino a servir y a dar la vida por la redención de todos".
—MATEO 20:26–28

Desde mi infancia, uno de mis héroes favoritos ha sido Superman, o el "Hombre de Acero". Aparte de su peinado y de los colores llamativos de su traje, siempre he admirado su misión de servir a la humanidad y proteger a los indefensos. Pero también he conocido héroes de carne y hueso que no tienen poderes sobrehumanos ni usan capas, sino que sirven a los demás con una sutileza y una entrega total con el único fundamento del amor.

En oración, agradece a Dios por todas aquellas personas que te han tocado el corazón con gestos sencillos y cotidianos. Da gracias por los héroes en tu vida.

Jeremías 18:18–20
Salmo 31:5–6,14,15–16
Mateo 20:17–28

1 DE MARZO

"Yo, el Señor, sondeo la mente
y penetro el corazón,
para dar a cada uno según sus acciones,
según el fruto de sus obras".
—JEREMÍAS 17:10

Podemos rezar mil rosarios y pasar horas frente al Santísimo, pero si nuestras acciones siguen cerrándose a la voluntad de Dios, de nada sirve lo anterior. Podemos predicar por horas o asistir a varios retiros espirituales, pero si no hay conversión sincera de corazón, de nada sirve el esfuerzo. El Señor nos recompensará según el fruto de nuestras obras.

Dios, mi Señor, abre mi corazón para que sea instrumento de tu voluntad.

Jeremías 17:5–10
Salmo 1:1–2,3,4 y 6
Lucas 16:19–31

"¿Qué ganamos con matar a nuestro hermano y ocultar su muerte?
Vendámoslo a los ismaelitas y no mancharemos nuestra misma sangre".
—GÉNESIS 37:26—27

Las mentiras y difamaciones pueden destruir relaciones y reputaciones. ¿A qué precio estamos dispuestos a vender al prójimo? Pensemos en las acciones que puedan ofender o afectar negativamente a nuestros hermanos y abstengámonos de hacerlo. En el amor, la empatía, el respeto mutuo y la aceptación está el verdadero sentir del cristiano.

¿Qué puedo hacer para reparar el daño cuando he ofendido o herido a alguien con mis acciones?

Génesis 37:3—4,12—13a,17b—28a
Salmo 105:16—17,18—19,20—21
Mateo 21:33—43,45—46

Serás fiel con Jacob y compasivo con Abraham,
como juraste a nuestros padres en tiempos remotos,
Señor, Dios nuestro.
—MIQUEAS 7:20

Jesús nos enseña a perdonar como Dios perdona, y lo hace a través de la famosa parábola del hijo pródigo, que bien podría llamarse "parábola del padre misericordioso". Cuánto no hemos recibido de Dios y, sin embargo, a veces nos comportamos como el hijo mayor. Nos vamos llenando de rencor y hostilidad al punto que dejamos de llamar al prójimo "hermano" para referirnos a él como "ese hijo tuyo". Pero solo el corazón del Padre lo soporta todo y nos recibe a cada uno con los brazos abiertos.

> Aparta de mí, Señor, la envidia y el rencor
> que hacen amargo mi corazón,
> y dame un corazón misericordioso,
> lento para la ira, como el tuyo.

Miqueas 7:14–15,18–20
Salmo 103:1–2,3–4,9–10,11–12
Lucas 15:1–3,11–32

Domingo

4 DE MARZO

• III DOMINGO DE CUARESMA •

Porque la locura de Dios es más sabia que la sabiduría de los hombres, y la debilidad de Dios es más fuerte que la fuerza de los hombres.
—I CORINTIOS 1:25

Pablo trata de explicar a los griegos que la sabiduría y la fuerza que ellos creen poseer no se comparan con la locura de Dios de los cristianos ni con la fuerza en la cruz de Jesucristo. Es en la aparente debilidad de la cruz de Jesucristo donde Dios manifiesta su secreto más íntimo, su amor misericordioso que abre la Salvación para toda la creación.

Dedica unos minutos en oración a contemplar el amor de Cristo en la cruz.

Éxodo 20:1–17 o 20:1–3,7–8,12–17
Salmo 19:8,9,10,11
1 Corintios 1:22–25
Juan 2:13–25

5 DE MARZO

"Yo les aseguro que nadie es profeta en su tierra".
—LUCAS 4:24

¿A quién no le gusta estar en su zona de confort? El término "tierra" en este pasaje puede referirse al pueblo natal, a la familia o al lugar en que uno se crió. Pero Jesús hace énfasis en que el camino del discípulo no puede ser zona de confort, sino que debe tener la característica de continuo peregrinaje, porque el Evangelio mismo así lo exige.

¿De qué manera Dios me desafía a salir de mi zona de confort?

2 Reyes 5:1–15b
Salmo 42:2,3; 43:3,4
Lucas 4:24–30

En aquel tiempo, Pedro se acercó a Jesús y le preguntó: "Si mi hermano me ofende, ¿cuántas veces tengo que perdonarlo? ¿Hasta siete veces?" Jesús le contestó: "No sólo hasta siete, sino hasta setenta veces siete".
—MATEO 18:21

¡Qué fácil es ofender a alguien! ¡Y qué difícil es pedir perdón a la persona que uno ofendió! Es maravilloso ver cómo los niños pueden pelearse, discutir por un juguete, hacerse muecas y, al final, seguir jugando como si nada hubiese pasado.

Señor, ayúdame a tener el alma abierta, como la de un niño, para pedir y recibir perdón.

Daniel 3:25,34–43
Salmo 25:4–5ab,6 y 7bc,8 y 9
Mateo 18:21–35

"Ahora, Israel, escucha los mandatos y preceptos que te enseño, para que los pongas en práctica y puedas así vivir y entrar a tomar posesión de la tierra que el Señor, Dios de tus padres, te va a dar".
—DEUTERONOMIO 4:1

Agradezco a mis padres por la infinidad de consejos que me dieron durante mi niñez y juventud. ¡Cuántas travesuras no hice y cuántas veces no los puse en aprietos! Pero con su guía amorosa me enseñaron a obedecer sus mandatos, no para limitar mi libertad, sino al contrario, para que siguiendo sus reglas pudiera crecer y desarrollarme sanamente.

De la misma manera, el Señor enseña a su pueblo que, si sigue sus mandatos, podrá tomar posesión de lo que les prometió: la Tierra Prometida y el camino de santidad.

¿Qué obstáculos me impiden seguir los mandatos del Señor?

Deuteronomio 4:1,5–9
Salmo 147:12–13,15–16,19–20
Mateo 5:17–19

"Escuchen mi voz, y yo seré su Dios y ustedes serán mi pueblo; caminen siempre por el camino que yo les mostraré, para que les vaya bien".
—JEREMÍAS 7:23

El profeta Jeremías nos presenta tres puntos esenciales de lo que Dios quiere de su pueblo:

1. Que escuchen su voz.

2. Que sea su Dios.

3. Que caminen por su camino.

Reflexiona sobre estos tres puntos y pregúntate: ¿cuál de ellos le está hablando a mi corazón?

Jeremías 7:23–28
Salmo 95:1–2,6–7,8–9
Lucas 11:14–23

Escucha, Israel: El Señor, nuestro Dios, es el único Señor; amarás al Señor, tu Dios, con todo tu corazón, con toda tu alma, *con toda tu mente* y con todas tus fuerzas.
—MARCOS 12:29B–30

Cuando voy en el auto escuchando música con mi familia, mis hijos de 8 y 12 años de edad empiezan a cantar porque se saben la letra de las canciones más actuales. Cuando esto sucede, a veces detengo la música y les pregunto: "¿Cuál es el mandamiento más grande?". Y ellos me contestan lo que el Evangelio de hoy nos presenta.

¿Cuántas cosas sabemos de memoria? ¿Letras de canciones, números telefónicos, recetas de cocina, cumpleaños de amigos? Más que cualquier otro dato, debemos usar nuestra maravillosa capacidad de memorización para asimilar y retener las cosas de Dios.

¿Cómo comparto el Mandamiento Mayor en mi casa?

Oseas 14:2–10
Salmo 81:6c–8a,8bc–9,10–11ab,14 y 17
Marcos 12:28–34

Sábado

10 DE MARZO

"Dios mío, apiádate de mí, que soy un pecador".
—LUCAS 18:13

Palabras profundas que nos hacen meditar y reflexionar sobre nuestra condición humana. El pecado nos ha herido de una manera tan profunda, que nos hace sentir pequeños y devaluados. Pero si reconocemos que somos pecadores y pedimos a Dios su gracia, él nos la concederá.

¿Qué emociones o sentimientos surgen en mi alma al meditar sobre el Evangelio del día de hoy?

Oseas 6:1–6
Salmo 51:3–4,18–19,20–21ab
Lucas 18:9–14

Porque tanto amó Dios al mundo, que le entregó a su Hijo único, para que todo el que crea en él no perezca, sino que tenga vida eterna.
—JUAN 3:16

En la sala de un teatro, un músico afinaba su guitarra cuando un niño pequeño se le acercó y le preguntó: "¿Por qué afinas tu guitarra?". A lo cual el músico contestó: "Para que se oiga bien".

Así también es nuestra vida: debemos afinarla en el amor de Dios en su hijo Jesucristo para que se oiga bien y así gozar de la vida eterna.

¿Qué elementos de mi vida deben afinarse?

2 Crónicas 36:14–16,19–23
Salmo 137:1–2,3,4–5,6 (6ab)
Efesios 2:4–10
Juan 3:14–21

Ya no habrá niños que vivan pocos días,
ni viejos que no colmen sus años
y al que no los alcance se le tendrá por maldito.
—ISAÍAS 65:20

Esta es la promesa que nos hace el Señor y es nuestro llamado a trabajar por el Reino de Dios. Si nuestra sociedad se mide por el trato que les da a los indefensos, a los niños y a los ancianos, ¿qué podemos hacer para que el Reino de Dios viva en ella? Tal vez podemos enseñar algo valioso a un niño, brindar compañía a un anciano o tener en cuenta las necesidades que puedan tener las personas con discapacidades en nuestro entorno.

¿Qué puedo hacer hoy para ayudar a edificar el Reino de Dios?

Isaías 65:17–21
Salmo 30:2 y 4,5–6,11–12a y 13b
Juan 4:43–54

Más tarde lo encontró Jesús en el templo y le dijo: "Mira, ya quedaste sano.
No peques más, no sea que te vaya a suceder algo peor".
—JUAN 5:14

Busca un crucifijo y en silencio dedica cinco minutos al siguiente ejercicio: Posa tu mirada en el rostro de Jesús y medita sobre el gran amor que él nos ha dado. ¿Qué percibes en ese rostro? ¿Dolor? ¿Compasión? ¿Sufrimiento? ¿Muerte? Asimila los sentimientos y sucesos que Cristo ha llevado a la cruz.

En silencio, eleva esta oración: Señor, hoy me acerco a ti. ¿Qué me quieres decir?

Ezequiel 47:1–9,12
Salmo 46:2–3,5–6,8–9
Juan 5:1–16

14 DE MARZO

"¿Puede acaso una madre olvidarse de su creatura
hasta dejar de enternecerse por el hijo de sus entrañas?
Aunque hubiera una madre que se olvidara,
yo nunca me olvidaré de ti",
dice el Señor todopoderoso.
—ISAÍAS 49:15

Con estas hermosas palabras, el Señor nos dice cuánto nos ama. Su amor es mucho más grande que el amor de una madre hacia sus hijos. Somos lo más preciado ante sus ojos y, a pesar de nuestros errores, él nunca olvida que somos sus hijos.

¡Ven en el silencio, Espíritu Santo, y enséñanos tu rostro!

Isaías 49:8–15
Salmo 145:8–9,13cd–14,17–18
Juan 5:17–30

15 DE MARZO

*Se han hecho un becerro de metal, se han postrado ante él y le han ofrecido
sacrificios y le han dicho: "Este es tu Dios, Israel; es el que te sacó
de Egipto".*
—ÉXODO 32:8

¡Qué fácil es perder el rumbo y poner nuestra mirada en cosas pasajeras y superfluas! Así como los israelitas se olvidaron de Yahvé por un becerro de metal, nosotros también podemos hacernos esclavos de ídolos falsos como el poder, el dinero, la ambición y la fama. ¡No perdamos nuestra mirada en el Dios de Jesucristo!

Dios Padre, en ti confío y pongo mi mirada en ti.

Éxodo 32:7–14
Salmo 106:19–20,21–22,23
Juan 5:31–47

16 DE MARZO

En aquel tiempo, Jesús recorría Galilea, pues no quería andar por Judea,
porque los judíos trataban de matarlo.
—JUAN 7:1

Jesús recorre Galilea predicando el Evangelio y cumpliendo la voluntad de su Padre. Aunque sabe que esto le va a acarrear más enemigos, no deja de llevar la Salvación a todas las regiones, enseñando a amar a Dios y al prójimo como a uno mismo.

¿Cuáles son mis mayores miedos ante a un desafío? ¿Cómo me ayuda Dios a enfrentarlos?

Sabiduría 2:1a,12–22
Salmo 34:17–18,19–20,21 y 23
Juan 7:1–2,10,25–30

"Este es el Mesías". Otros, en cambio, decían: "¿Acaso el Mesías va a venir de Galilea?".
—JUAN 7:41

En tiempos de Jesús, la región de Galilea no era muy bien reconocida por su estatus social ni por su reputación.

Hoy en día, los medios sociales influyen y moldean el pensamiento de la sociedad elevando a la fama y a la popularidad a los más ricos, a los más atractivos o a los más poderosos. Esto hace que sea difícil concebir la grandeza del Señor en el rostro de aquel que mendiga por la calle o de aquel que padece de una enfermedad mental.

¡Señor, abre mis ojos para que pueda reconocerte en el hermano que sufre!

Jeremías 11:18–20
Salmo 7:2–3,9bc–10,11–12
Juan 7:40–53

Domingo

18 DE MARZO

• V DOMINGO DE CUARESMA •

*Esta será la alianza nueva
que voy a hacer con la casa de Israel:
Voy a poner mi ley en lo más profundo de su mente
y voy a grabarla en sus corazones.*
—JEREMÍAS 31:33

Un mandamiento nuevo nos ha dado el Señor; un mandamiento que siembra en nuestro corazón para que crezca en obras y gestos de amor y misericordia. No es un mandamiento que solo se sigue como regla, o como la letra en el papel, sino que es vida en el Señor para que todos lleguemos a la plenitud para la que fuimos creados.

¿Cómo vivo esta nueva ley ante mis hermanos?

Jeremías 31:31–34
Salmo 51:3–4,12–13,14–15 (12a)
Hebreos 5:7–9
Juan 12:20–33

"Yo seré para él un padre y él será para mí un hijo".
—2 SAMUEL 7:14

Esta frase está llena del amor inconmensurable que solo un padre puede sentir hacia sus hijos. San José es el modelo por excelencia de cariño, entrega, trabajo y amor hacia Jesús de Nazaret.

Demos gracias a Dios por todos esos hombres —que como padres biológicos o adoptivos— día tras día dan su entrega, comprensión y amor a sus hijos.

¿Comparto suficiente tiempo con mis hijos o sobrinos?

2 Samuel 7:4–5a,12–14a,16
Salmo 89:2–3,4–5,27 y 29
Romanos 4:13,16–18,22
Mateo 1:16,18–21,24a o Lucas 2:41–51a

Jesús prosiguió: "Cuando hayan levantado al Hijo del hombre, entonces conocerán que Yo Soy y que no hago nada por mi cuenta; lo que el Padre me enseñó, eso digo".
—JUAN 8:28

Jesús no se vanagloria de sí mismo, sino que deja en claro que su gloria proviene de su Padre, quien lo ha dado a conocer. Así también los cristianos tratamos de levantar y dar gloria al único Dios, porque es siguiendo sus enseñanzas y experimentando su amor y su presencia en nosotros como podemos dar testimonio de él.

¿Cómo siento a Dios presente en mi vida?

Números 21:4–9
Salmo 102:2–3,16–18,19–21
Juan 8:21–30

*En aquel tiempo, Jesús dijo a los que habían creído en él: "Si se mantienen
fieles a mi palabra, serán verdaderos discípulos míos, conocerán la verdad y
la verdad los hará libres".*
—JUAN 8:31B–32

En nuestros pueblos hay una frase que se usa para indicar
que lo que se dice, se cumple: "Tienes mi palabra" o "Palabra
de honor". Asimismo, el Señor Jesús nos dice que, si nos
mantenemos fieles a su palabra, seremos sus discípulos y
conoceremos la verdad, lo que nos hará libres. Si optamos por
encubrir la verdad (porque esta a veces duele), no seremos sino
cautivos de nuestro propio engaño.

¿Mantengo mi palabra? ¿Soy fiel a la palabra de Dios?

Daniel 3:14–20,91–92,95
Daniel 3:52,53,54,55,56
Juan 8:31–42

22 DE MARZO

"Abraham, el padre de ustedes, se regocijaba con el pensamiento de verme; me vio y se alegró por ello".
—JUAN 8:56

Mira a tu alrededor y observa los rostros de la gente. ¿Ves caras sonrientes y alegres? ¿O ves caras tristes, serias o sin rastro de emociones?

La alegría en Cristo lleva a la felicidad y la felicidad al regocijo, como le sucedió a Abraham. También sabemos que Abraham no es celoso ni envidioso, sino que se alegra por reconocer al verdadero Padre.

¿Me alegro al reconocer el rostro de nuestro Padre?

Génesis 17:3–9
Salmo 105:4–5,6–7,8–9
Juan 8:51–59

Jesús les dijo: "He realizado ante ustedes muchas obras buenas de parte del Padre, ¿por cuál de ellas me quieren apedrear?"
—JUAN 10:32

¿Nos damos cuenta de todas las obras buenas que el Padre ha hecho por nosotros? Tal vez sí, tal vez no, pero el solo hecho de despertar cada mañana es de por sí un milagro.

Descansa en silencio unos minutos y cierra los ojos. Toma una respiración profunda, sintiendo que el aire llena tus pulmones y expande tu vientre. Exhala el aire completamente. Entonces pregúntate: ¿Qué obras reconozco que el Señor ha hecho en mi vida?

Jeremías 20:10–13
Salmo 18:2–3a,3bc–4,5–6,7
Juan 10:31–42

24 DE MARZO

En medio de ellos estará mi templo: yo voy a ser su Dios y ellos van a ser mi pueblo.
—EZEQUIEL 37:27

La cotidianidad de la vida, el ritmo del trabajo o la soledad del tiempo pueden crear espejismos de satisfacción o insatisfacción que nos pueden llevar a perder el camino de Dios. Solo Dios puede señalarnos el camino y suplir las necesidades y los vacíos que existen en nuestra vida.

Solo así podremos decir: "Dios es mi Dios, y yo soy su pueblo".

Ezequiel 37:21–28
Jeremías 31:10,11–12abcd,13
Juan 11:45–56

Domingo

25 DE MARZO

• DOMINGO DE RAMOS DE LA PASIÓN DEL SEÑOR •

"¡Hosanna! ¡Bendito el que viene en nombre del Señor, *el rey de Israel!*".
—JUAN 12:13B

Cristo entra a la ciudad santa de Jerusalén no como un rey dominante que se impone, sino montando en un burrito como Dios de paz que viene a salvarnos de nuestras miserias. Alcemos nuestros corazones hacia el Rey de Israel y demos alabanzas de júbilo, pues eterna es su benevolencia.

¿Qué puedo hacer esta Semana Santa para mostrar mi agradecimiento a Cristo?

PROCESIÓN:
Marcos 11:1–10 o Juan 12:12–16

MISA:
Isaías 50:4–7
Salmo 22:8–9,17–18,19–20,23–24
Filipenses 2:6–11
Marcos 14:1—15:47 o 15:1–39

*Allí le ofrecieron una cena; Marta servía y Lázaro era uno de los que
estaban con él a la mesa.*
—JUAN 12:2

Este pasaje es rico en enseñanza. Por un lado se nos presenta
la prefiguración de la Pasión y muerte del Señor, donde María
unge con perfume los pies de Jesús. Por otro lado, vemos a
Marta, siempre servicial, y a Lázaro, ya resucitado, sentado en
la mesa del banquete celestial, en lo que son prefiguraciones
del Reino de Dios.

¿Qué actos sencillos puedo realizar para ayudar a construir el
Reino de Dios?

Isaías 42:1–7
Salmo 27:1,2,3,13–14
Juan 12:1–11

27 DE MARZO

Cuando Jesús estaba a la mesa con sus discípulos, se conmovió profundamente y declaró: "Yo les aseguro que uno de ustedes me va a entregar".
—JUAN 13:21

Jesús celebra la Última Cena con sus discípulos y, en lo profundo de su ser, sabe que uno de ellos lo va a entregar. Pero, ¿cómo puede ser esto? Cuando alguien se cierra al amor y da cabida al pecado, tanto la traición como la muerte ocupan su lugar.

¿Estoy abierto al amor de Cristo?

Isaías 49:1–6
Salmo 71:1–2,3–4a,5ab–6ab,15 y 17
Juan 13:21–33,36–38

Judas Iscariote fue a ver a los sumos sacerdotes y les dijo: "¿Cuánto me dan si les entrego a Jesús?". Ellos quedaron en darle treinta monedas de plata. Y desde ese momento andaba buscando una oportunidad para entregárselo.
—MATEO 26:14B–16

De la frustración puede nacer la traición. Esto fue precisamente lo que sucedió con Judas, quien por unas pocas monedas de plata le pone un precio de esclavo a Jesús, como lo describe Zacarías.

¿Quién es capaz de vender a un amigo por el motivo que fuere?

Señor, ven en mi ayuda, no me dejes caer en tentación y líbrame de todo mal.

Isaías 50:4–9a
Salmo 69:8–10,21–22,31 y 33–34
Mateo 26:14–25

Jueves

29 DE MARZO

• JUEVES SANTO •

"Esto es mi cuerpo, que se entrega por ustedes. Hagan esto en memoria mía".
—I CORINTIOS 11:24B

Hoy comenzamos el Triduo Pascual. En uno de los actos más sublimes de su vida terrenal, Jesús, reunido con sus apóstoles alrededor de la mesa, nos entregó su propio Cuerpo y Sangre en lo que se conoce como la Última Cena. Y es a través de su Cuerpo y Sangre que somos redimidos, acto que no tiene comparación alguna.

¿Participo conscientemente de la Sagrada Eucaristía?

MISA CRISMAL:
Isaías 61:1–3a,6a,8b–9
Salmo 89:21–22,25,27
Apocalipsis 1:5–8
Lucas 4:16–21

**MISA VESPERTINA DE LA CENA
DEL SEÑOR:**
Éxodo 12:1–8,11–14
Salmo 116:12–13,15–16bc,17–18
1 Corintios 11:23–26
Juan 13:1–15

Viernes

30 DE MARZO

• VIERNES SANTO DE LA PASIÓN DEL SEÑOR •

Entonces los sumos sacerdotes de los judíos le dijeron a Pilato: "No escribas: 'El rey de los judíos', sino: 'Este ha dicho: Soy rey de los judíos'". Pilato les contestó: "Lo escrito, escrito está".
—JUAN 19:21B–22

La promesa de Dios Padre se ha cumplido el día de hoy. Cristo fue obediente hasta la muerte y cumplió la voluntad de Dios Padre hasta el final de su vida terrenal. La cruz ha pasado de ser símbolo de tortura a símbolo de la vida eterna, símbolo de amor y salvación.

¡Bendito seas, Señor, que por tu muerte en la cruz nos concediste la salvación!

Isaías 52:13—53:12
Salmo 31:2,6,12–13,15–16,17,25
Hebreos 4:14–16; 5:7–9
Juan 18:1—19:42

Sábado

31 DE MARZO

• SÁBADO SANTO •

*Pero él les dijo: "No se espanten. Buscan a Jesús de Nazaret, el que fue
crucificado. No está aquí; ha resucitado. Miren el sitio donde lo habían
puesto. Ahora vayan a decirles a sus discípulos y a Pedro: 'El irá delante de
ustedes a Galilea. Allá lo verán, como él les dijo'".*

—MARCOS 16:6–7

Jesucristo ha vencido a la muerte y aplastado al pecado; se ha
levantado de su tumba victorioso porque el pecado no puede
contener tanto amor. Esta es la Buena Nueva del Evangelio que
no debemos cansarnos de predicar y de transmitir a los demás.

¡Aleluya! ¡El Señor ha vencido a la muerte!

VIGILIA DE PASCUA:
Génesis 1:1—2:2 o 1:1,26–31a
Salmo 104:1–2,5–6,10,12,13–14,24,35 o
33:4–5,6–7,12–13,20–22
Génesis 22:1–18 o 22:1–2,9a,10–13,15–18
Salmo 16:5,8,9–10,11
Éxodo 14:15—15:1
Éxodo 15:1–2,3–4,5–6,17–18
Isaías 54:5–14
Salmo 30:2,4,5–6,11–12,13
Isaías 55:1–11

Isaías 12:2–3,4,5–6
Baruc 3:9–15,32—4:4
Salmo 19:8,9,10,11
Ezequiel 36:16–17a,18–28
Salmo 42:3,5; 43:3,4 o
Isaías 12:2–3,4bcd,5–6 o
Salmo 51:12–13,14–15,18–19
Romanos 6:3–11
Salmo 118:1–2,16–17,22–23
Marcos 16:1–7

...

Domingo

1 DE ABRIL

Puesto que ustedes han resucitado con Cristo, busquen los bienes de arriba donde está Cristo, sentado a la derecha de Dios.
—COLOSENSES 3:1

Busquemos a Cristo quien está sentado a la derecha de Dios Padre. Por su poder, él ha resucitado y con esto ha vencido al aguijón de la muerte: el pecado. El cielo se ha abierto para la salvación de muchos y todo esto fue posible por la victoria de Jesucristo en la cruz.

¿De qué maneras puedo proclamar la Buena Nueva del Evangelio hoy?

Hechos de los Apóstoles 10:34a,37–43
Salmo 118:1–2,16–17,22–23
Colosenses 3:1–4 o 1 Corintios 5:6b–8
Juan 20:1–9 o Marcos 16:1–7
o, en una Misa por la tarde o por la noche,
Lucas 24:13–35

2 DE ABRIL

• OCTAVA DE PASCUA •

Entonces les dijo Jesús: "No tengan miedo. Vayan a decir a mis hermanos
que se dirijan a Galilea. Allá me verán".
—MATEO 28:10

Compartir el Evangelio requiere tener la valentía del Espíritu.
En la Biblia hay 365 frases que contienen la palabra "no temas",
las cuales nos enseñan a confiar plenamente en el Señor. Dios
sabe que somos frágiles y que, cuando damos cabida al miedo,
este nos puede paralizar. Jesús indica a las mujeres que no
tengan miedo y que vayan a compartir la noticia de su
Resurrección a sus apóstoles.

Señor, dame la valentía de afrontar mis miedos y no dejes que
estos se apoderen de mí.

Hechos de los Apóstoles 2:14,22–33
Salmo 16:1–2a y 5,7–8,9–10,11
Mateo 28:8–15

El día de Pentecostés, dijo Pedro a los judíos: "Sepa todo Israel, con absoluta certeza, que Dios ha constituido Señor y Mesías al mismo Jesús, a quien ustedes han crucificado".
—HECHOS DE LOS APÓSTOLES 2:36

Crecer y transformarnos es una constante en la vida. De hecho, no dejamos de hacerlo; desde la infancia a nuestra adolescencia, para dar entrada a la vida de joven, y desde la juventud, para dar entrada a la vida de adulto. Algo semejante ocurre con nuestra relación con Cristo: nuestro entendimiento de Cristo debe evolucionar para que así crezca y se transforme en una mejor relación con él.

¿Qué áreas de mi vida necesitan crecer para que pueda ser mejor seguidor de Cristo?

Hechos de los Apóstoles 2:36–41
Salmo 33:4–5,18–19,20 y 22
Juan 20:11–18

Entonces Pedro le dijo: "No tengo ni oro ni plata, pero te voy a dar lo que
tengo: En el nombre de Jesucristo nazareno, levántate y camina". Y,
tomándolo de la mano, lo incorporó.
—HECHOS DE LOS APÓSTOLES 3:6–7A

¿Somos capaces de sacrificar parte de lo que tenemos para compartirlo con otros? ¿O simplemente damos de lo que nos sobra? Pedro y Juan dieron al hombre lisiado ese amor transformador en Cristo Jesús. La promesa de la Resurrección transforma y restaura todo lo perdido y quebrantado.

Señor, te pido un corazón generoso que sepa dar.

Hechos de los Apóstoles 3:1–10
Salmo 105:1–2,3–4,6–7,8–9
Lucas 24:13–35

Mientras hablaban de esas cosas, se presentó Jesús en medio de ellos y les dijo: "La paz esté con ustedes".
—LUCAS 24:36

El hombre en su interior anhela la paz, pero no una paz en el sentido de ausencia de guerra, sino una paz que traiga serenidad, alegría, esperanza, fe y caridad. Esta paz integral que sana todas las áreas del hombre, solamente la puede brindar Cristo a quien se la pida. Él la concedió libremente a sus apóstoles para que pudieran cumplir con la misión que les encomendaría.

¿Hay paz en mí? ¿Qué hago para recibir la paz de Dios?

Hechos de los Apóstoles 3:11–26
Salmo 8:2ab y 5,6–7,8–9
Lucas 24:35–48

Pero ya muchos de los que habían escuchado sus palabras, unos cinco mil
hombres, habían abrazado la fe.
—HECHOS DE LOS APÓSTOLES 4:4

Los apóstoles no pierden el tiempo y salen con valentía a predicar el nombre de Jesucristo y su Evangelio. A pesar de la resistencia de los poderosos de Jerusalén, no se detienen y, con el poder del Espíritu, la gente sencilla rápidamente comienza a abrazar la fe.

Dios nos pide que confiemos en él a pesar de nuestras limitaciones.

¿Siento resistencias internas que me impiden compartir la palabra de Dios?

Hechos de los Apóstoles 4:1–12
Salmo 118:1–2 y 4,22–24,25–27a
Juan 21:1–14

Jesús les dijo entonces: "Vayan por todo el mundo y prediquen el Evangelio a toda creatura".
—MARCOS 16:15

Este es el mandato que todo cristiano ha recibido: predicar el Evangelio a toda criatura sin desfallecer. ¡Y muchos lo han hecho! La lista de santos da testimonio de ello, así como todos los sacerdotes y misioneros laicos que han entregado su vida a la obra de Jesucristo. Todos ellos tienen algo en común: su amor por Jesucristo y su apertura total al Evangelio.

¿Está mi vida completamente abierta al Evangelio?

Hechos de los Apóstoles 4:13–21
Salmo 118:1 y 14–15ab,16–18,19–21
Marcos 16:9–15

*Después de decir esto, sopló sobre ellos y les dijo: "Reciban al Espíritu Santo.
A los que les perdonen los pecados, les quedarán perdonados; y a los que no
se los perdonen, les quedarán sin perdonar".*
—JUAN 20:22–23

El soplo de Dios es *Ruah*, el Espíritu de Dios en acción que
interviene como lo hizo en la creación del primer hombre.
Y ahora es Jesús mismo quien sopla sobre sus apóstoles para
darles la autoridad de perdonar los pecados. Esta autoridad no
aminora la misericordia divina, sino que la resalta debido al
gran amor que Dios tiene por su creación.

¿Cómo siento la misericordia divina en mi vida? ¿Cómo me
ayuda Dios a sentir su perdón?

Hechos de los Apóstoles 4:32–35
Salmo 118:2–4,13–15,22–24
1 Juan 5:1–6
Juan 20:19–31

Lunes

9 DE ABRIL

• LA ANUNCIACIÓN DEL SEÑOR •

Entró el ángel a donde ella estaba y le dijo: "Alégrate, llena de gracia, el Señor está contigo".
—LUCAS 1:28

Los mensajes de Dios no son de miedo, sino de alegría y júbilo. Y es en María la Virgen que el Verbo se hará carne para participar de nuestra condición, excepto del pecado. Reconociendo que este mensaje proviene del Dios de Israel porque siente paz en su ser, María dice en la firmeza de su fe: "Hágase en mí según tu voluntad".

¿Escucho con atención los mensajes de Dios?

Isaías 7:10–14; 8:10
Salmo 40:7–8a,8b–9,10,11
Hebreos 10:4–10
Lucas 1:26–38

10 DE ABRIL

La multitud de los que habían creído tenía un solo corazón y una sola alma;
todo lo poseían en común y nadie consideraba suyo nada de lo que tenía.
—HECHOS DE LOS APÓSTOLES 4:32

Los apóstoles han asumido el encargo de Jesucristo de hacer discípulos en su nombre y han establecido nuevas comunidades por la efusión del Espíritu Santo. Estas comunidades guiadas por los apóstoles han aprendido a tener un solo corazón y una sola alma en Cristo Jesús.

¿Qué puedo hacer para tener un solo sentir y un solo corazón con mi familia? ¿Y con mi parroquia?

Hechos de los Apóstoles 4:32–37
Salmo 93:1ab,1cd–2,5
Juan 3:7b–15

11 DE ABRIL

Tanto amó Dios al mundo, que le entregó a su Hijo único, para que todo el que crea en él no perezca, sino que tenga la vida eterna. Porque Dios no envió a su Hijo para condenar al mundo, sino para que el mundo se salvara por él.
—JUAN 3:16–17

Así Dios ha hecho con su hijo: amar hasta el extremo.

El santo chileno padre Alberto Hurtado, SJ, una vez preguntó: "¿A quiénes amar?". Y él mismo se contestó: "A todos mis hermanos de humanidad. Sufrir con sus fracasos, con sus miserias, con la opresión de que son víctimas. Alegrarme de sus alegrías". Y después preguntó: "¿Qué significa amar?". Y él mismo se contestó: "Amar es salvar y expansionar al hombre".

¿Soy capaz de amar hasta el extremo? ¿O amo con condiciones?

Hechos de los Apóstoles 5:17–26
Salmo 34:2–3,4–5,6–7,8–9
Juan 3:16–21

12 DE ABRIL

El Padre ama a su Hijo y todo lo ha puesto en sus manos. El que cree en el Hijo tiene vida eterna.
—JUAN 3:35–36A

En el ámbito humano, creer implica dedicar tiempo, tener confianza, abrir el corazón a la otra persona y entregarse plenamente. Sin embargo, debido a nuestras limitaciones, a veces nos asaltan las dudas, las reservas y los miedos.

Creer en Jesucristo implica dedicarle tiempo, abrirle el corazón y entregarse a él por completo. Significa poner nuestros miedos, nuestras inseguridades y dudas en sus manos, ya que solo él puede transformarnos y conducirnos a la vida eterna.

¿Qué me impide entregarme por completo a Jesucristo?

Hechos de los Apóstoles 5:27–33
Salmo 34:2 y 9,17–18,19–20
Juan 3:31–36

13 DE ABRIL

• SAN MARTÍN I, PAPA Y MÁRTIR •

Y todos los días enseñaban sin cesar y anunciaban el Evangelio de Cristo
Jesús, tanto en el templo como en las casas.
—HECHOS DE LOS APÓSTOLES 5:42

Qué importante es compartir la fe con los demás, así como los apóstoles lo hicieron al establecer nuevas comunidades. De hecho, la Iglesia existe para evangelizar, para dar a conocer a Jesucristo y su plan de salvación a todo el mundo. Al momento en que compartimos la fe, edificamos el Reino de Dios.

¿Cómo puedo compartir mi fe hoy? ¿A quién puedo ayudar al hacerlo?

Hechos de los Apóstoles 5:34–42
Salmo 27:1,4,13–14
Juan 6:1–15

Vieron a Jesús caminando sobre las aguas, acercándose a la barca, y se asustaron. Pero él les dijo: "Soy yo, no tengan miedo".
—JUAN 6:19B–20

Los apóstoles sintieron miedo al ver que alguien caminaba sobre las aguas sin saber quién era hasta que escucharon su voz. Es por eso que aquellos que siguen a Jesús lo sabrán reconocer por su voz, así como un hijo reconoce la voz de su padre. La voz del papá no es una voz de miedo, sino de confianza.

¿Tengo una relación cercana con Dios? ¿Qué sueños quiero compartir hoy con el Señor?

Hechos de los Apóstoles 6:1–7
Salmo 33:1–2,4–5,18–19
Juan 6:16–21

> *Quien dice: "Yo lo conozco", pero no cumple sus mandamientos, es un mentiroso y la verdad no está en él. Pero en aquel que cumple su palabra, el amor de Dios ha llegado a su plenitud.*
> —1 JUAN 2:4–5

Hay una gran diferencia entre conocer a una persona superficialmente y tener una relación con esa persona. Uno puede saber cómo se llama una persona, reconocer su rostro y saber dónde vive y dónde trabaja. Pero para conocerla de verdad, se necesita pasar tiempo con esa persona. Si queremos conocer la verdad, tenemos que vivir con el Señor, dedicar tiempo a la oración, leer su palabra y meditar sobre ella.

¿Dedico suficiente tiempo a mi relación personal con Dios?

Hechos de los Apóstoles 3:13–15,17–19
Salmo 4:2,4,7–8,9 (7a)
1 Juan 2:1–5a
Lucas 24:35–48

16 DE ABRIL

"No trabajen por ese alimento que se acaba, sino por el alimento que dura para la vida eterna, y que les dará el Hijo del hombre; porque a este, el Padre Dios lo ha marcado con su sello".
—JUAN 6:27

A veces pareciera que la vida se limita a dormir, comer y trabajar para llevar el alimento a la casa. Pero el trabajo es mucho más que llevar el pan a la mesa; es un medio de santificación para acercarse a Dios a través del esfuerzo, la dedicación y la entrega.

¿Dedico mis esfuerzos al Señor? ¿Comparto el esfuerzo de mi trabajo con el Señor?

Hechos de los Apóstoles 6:8–15
Salmo 119:23–24,26–27,29–30
Juan 6:22–29

Jesús [dijo a la multitud]: "Yo soy el pan de la vida. El que viene a mí no tendrá hambre, y el que cree en mí nunca tendrá sed".
—JUAN 6:35

Dios quiere saciar una de las necesidades básicas y primordiales de todo ser humano: el hambre. Pero no nos quiere dar cualquier alimento: nos da a Cristo, que es ese pan que no pierde su sabor ni se echa a perder. Es el único pan de la vida que puede ofrecer la salvación eterna a quien acuda a él. De nosotros depende ahora compartir el pan de la vida con los hambrientos del mundo.

¿En qué momentos he sentido que Dios ha saciado mi hambre?

Hechos de los Apóstoles 7:51—8:1a
Salmo 31:3cd–4,6 y 7b y 8a,17 y 21ab
Juan 6:30–35

18 DE ABRIL

La voluntad del que me envió es que yo no pierda nada de lo que él me ha
dado, sino que lo resucite en el último día.
—JUAN 6:39

Jesús siempre nos recuerda que ha venido para salvarnos. El
fin no es castigar a quienes no le siguen, sino salvar a todos.
Cuando eso suceda, la voluntad del Padre se habrá cumplido.
Y en eso pone todo su empeño y para eso está con nosotros,
siempre a nuestro lado.

¿En qué momentos me he sentido perdido? ¿Qué puedo hacer
para no olvidar que Jesús está a mi lado?

Hechos de los Apóstoles 8:1b–8
Salmo 66:1–3a,4–5,6–7a
Juan 6:35–40

Sus padres comieron maná en el desierto y sin embargo, murieron. . . el pan
que yo les voy a dar es mi carne para que el mundo tenga vida.
—JUAN 6:47,51

Nadie puede entrar por una puerta cerrada si no tiene la llave. Lo mismo sucede con el cielo: después de la caída de nuestros primeros padres, el cielo se cerró y solo Cristo es la llave o la puerta de la salvación que se abre para todos. La puerta se abre para quien la busca y la intenta abrir.

¿Busco la llave para abrir las puertas del cielo?

Hechos de los Apóstoles 8:26–40
Salmo 66:8–9,16–17,20
Juan 6:44–51

"Saulo, Saulo, ¿por qué me persigues?" Preguntó él: "¿Quién eres, Señor?" La respuesta fue: "Yo soy Jesús, a quien tú persigues. Levántate. Entra en la ciudad y ahí se te dirá lo que tienes que hacer".
—HECHOS DE LOS APÓSTOLES 9:4B–6

En la vida de la fe puede haber momentos de crisis en los que cuestionamos a Dios por todo. Y si nuestra fe no está bien acompañada por una sana doctrina, podemos caer en el desespero e incluso en la negación de la existencia de Dios. Solo Dios nos puede dar a conocer su gran misterio de amor como lo hizo con Pablo.

Señor, dame fortaleza para soportar las tribulaciones de la vida.

Hechos de los Apóstoles 9:1–20
Salmo 117:1bc,2
Juan 6:52–59

"Señor, ¿a quién iremos? Tú tienes palabras de vida eterna; y nosotros creemos y sabemos que tú eres el Santo de Dios".
—JUAN 6:68–69

San Anselmo fue doctor de la Iglesia porque recibió el regalo de la fe y creyó en Jesucristo como poseedor de las palabras de la vida eterna. A lo largo de su vida escribió varias obras en las que trató de dar lógica a la fe recibida a través de una comprensión sobre la existencia y la naturaleza de Dios.

¿Me esfuerzo por buscar la comprensión de mi fe?

Hechos de los Apóstoles 9:31–42
Salmo 116:12–13,14–15,16–17
Juan 6:60–69

Domingo
22 DE ABRIL

_El Padre me ama porque doy mi vida para volverla a tomar. Nadie me la
quita; yo la doy porque quiero._
—JUAN 10:17–18

Dios es un Dios de vida y no de muerte. Jesucristo, su hijo, demuestra el gran amor que siente por nosotros y ofrece su propia vida para la salvación de muchos. La misión de Jesucristo es clara: cumplir la voluntad de Dios hasta el final incluso si esto le cuesta la vida.

Te doy gracias, Señor, por el inmenso amor que nos tienes.

Hechos de los Apóstoles 4:8–12
Salmo 118:1,8–9,21–23,26,28,29 (22)
1 Juan 3:1–2
Juan 10:11–18

23 DE ABRIL

• SAN JORGE, MÁRTIR • SAN ADALBERTO, OBISPO Y MÁRTIR •

Yo soy la puerta; quien entre por mí se salvará, podrá entrar y salir y encontrará pastos.
—JUAN 10:9

En muchos hoteles del mundo hay botones que abren la puerta para el que se hospeda. Este distintivo de hospitalidad y cordialidad imprime confianza y hace que el huésped se sienta acogido.

Cristo es esa puerta que nos lleva al gran Reino de Dios, donde habitan la cordialidad, la armonía, la paz y el amor.

¿Qué puedo hacer hoy para que alguien se sienta bienvenido?

Hechos de los Apóstoles 11:1–18
Salmo 42:2–3; 43:3–4
Juan 10:1–10

Martes
24 DE ABRIL

Mis ovejas escuchan mi voz; yo las conozco y ellas me siguen.
—JUAN 10:27

Ser oveja es reconocer que solo hay un pastor que cuida y guía nuestros pasos. Y como ovejas, estamos expuestos a los peligros que hay a nuestro alrededor, pero siempre confiando en que el pastor nos protegerá y defenderá. Jesús es ese pastor que está dispuesto a defender la vida de sus ovejas.

¿Reconozco que Dios es mi pastor y dejo que guíe mis pasos?

Hechos de los Apóstoles 11:19–26
Salmo 87:1b–3,4–5,6–7
Juan 10:22–30

Ellos fueron y proclamaron el Evangelio por todas partes, y el Señor actuaba con ellos y confirmaba su predicación con los milagros que hacían.
—MARCOS 16:20

San Marcos no fue uno de los doce apóstoles que acompañaron a Jesús de Nazaret, sino que fue compañero de viaje de Pedro Apóstol. Como su secretario y hombre de confianza, fue a través de los sermones y enseñanzas de Pedro como Marcos escuchó las palabras de Jesús y ayudó en la recopilación para lo que después sería el Evangelio.

¿Reconozco la importancia de reflexionar en los Evangelios?

1 Pedro 5:5b–14
Salmo 89:2–3,6–7,16–17
Marcos 16:15–20

26 DE ABRIL

"Yo les aseguro: el que recibe al que yo envío, me recibe a mí; y el que me recibe a mí, recibe al que me ha enviado".
—JUAN 13:20

Al momento de recibir a Jesucristo y su Evangelio en el corazón, recibimos al Padre que lo envió. Este recibimiento significa apertura total, asentimiento, confianza y disponibilidad de la persona hacia el mensajero.

Señor, bendice a todas esas personas que nos hablan de ti.

Hechos de los Apóstoles 13:13–25
Salmo 89:2–3,21–22,25 y 27
Juan 13:16–20

Viernes

27 DE ABRIL

Jesús le respondió: "Yo soy el camino, la verdad y la vida. Nadie va al Padre si no es por mí".
—JUAN 14:6

En todo momento estamos tomando decisiones y, a veces, una decisión incorrecta nos lleva por el camino equivocado. Sin embargo, el ser humano siempre está en busca de la verdad. Solo Jesucristo es el camino que nos conduce a la verdad que ofrece la vida eterna.

Cuando tomo decisiones, ¿pienso si son acordes con el camino de Jesucristo?

Hechos de los Apóstoles 13:26–33
Salmo 2:6–7,8–9,10–11ab
Juan 14:1–6

Sábado
28 DE ABRIL

Yo les aseguro: el que crea en mí, hará las obras que hago yo y las hará aún mayores, porque yo me voy al Padre.
—JUAN 14:12

Se dice que el alumno supera al maestro, y es eso lo que Jesús nos promete en el día de hoy si tenemos absoluta fe en él. Estamos hechos para un amor infinito, que es el amor de Dios, y, aunque a veces no podamos descubrirlo, nuestra vida está vacía sin él.

Señor, tú me diste la capacidad de obrar en tu amor. ¡Bendice la actividad que realizo cada día!

Hechos de los Apóstoles 13:44–52
Salmo 98:1,2–3ab,3cd–4
Juan 14:7–14

Domingo

29 DE ABRIL

• V DOMINGO DE PASCUA •

*Cuando Pablo regresó a Jerusalén, trató de unirse a los discípulos, pero
todos le tenían miedo, porque no creían que se hubiera convertido
en discípulo.*
—HECHOS DE LOS APÓSTOLES 9:26

La gente recuerda nuestras obras más que nuestras palabras,
y eso precisamente fue lo que le sucedió a Pablo antes de
convertirse al cristianismo. Aquel que había perseguido a los
cristianos y entregado a las autoridades para darles muerte,
ahora era discípulo del Señor, pero todos le tenían miedo.

¿Reflejan mis obras el amor que le tengo al prójimo?

Hechos de los Apóstoles 9:26–31
Salmo 22:26–27,28,30,31–32 (26a)
1 Juan 3:18–24
Juan 15:1–8

Lunes

30 DE ABRIL

• SAN PIO V, PAPA •

"El Espíritu Santo que mi Padre les enviará en mi nombre, les enseñará todas las cosas y les recordará todo cuanto yo les he dicho".
—JUAN 14:26

A veces, las preocupaciones nos quitan la paz y hacen que veamos el presente y el futuro con pesimismo. Sin embargo, Jesucristo nos asegura que enviará a su Espíritu Santo para que nos guíe, nos enseñe y nos revele el misterio de Dios.

Señor, quiero confiar en el proyecto de vida que tú tienes para mí. Envía tu Espíritu y conduce mi vida.

Hechos de los Apóstoles 14:5–18
Salmo 115:1–2,3–4,15–16
Juan 14:21–26

1 DE MAYO

• SAN JOSÉ OBRERO •

"¿Acaso no es éste el hijo del carpintero? ¿No se llama María su madre y no son sus hermanos Santiago, José, Simón y Judas? ¿Que no viven entre nosotros todas sus hermanas?"
—MATEO 13:55–56

Puesto que san José era carpintero, es posible que el Niño Jesús aprendiera esta noble labor de él, trabajando a su lado y compartiendo en la vida sencilla de su familia y entorno.

El trabajo es el vehículo que nos permite desarrollar las capacidades que Dios nos ha concedido y mediante el cual ofrecerle a él nuestros esfuerzos, dificultades y cansancios.

¿De qué maneras mi trabajo me ayuda a santificarme?

Hechos de los Apóstoles 14:19–28
Salmo 145:10–11,12–13ab,21
Juan 14:27–31a
o Mateo 13:54–58 (Memorial)

Yo soy la vid, ustedes los sarmientos; el que permanece en mí y yo en él, ese da fruto abundante, porque sin mí nada pueden hacer.
—JUAN 15:5

Permanecer en la vid es permanecer en comunión y unidos a la raíz que da vida.

San Atanasio fue defensor de la ortodoxia en el primer Concilio de Nicea, donde se disputó la divinidad de Jesús. Esta doctrina recta solo puede venir de la vid verdadera.

¿Qué significa para mí que Jesús fuera hombre pero también Dios?

Hechos de los Apóstoles 15:1–6
Salmo 122:1–2,3–4ab,4cd–5
Juan 15:1–8

Este evangelio los salvará, si lo cumplen tal y como yo lo prediqué. De otro modo, habrán creído en vano.
—1 CORINTIOS 15:1–2

La búsqueda del camino cristiano en la espiritualidad ignaciana significa conocer a Cristo, amar a Cristo y seguir a Cristo. Para tal fin, se necesita escuchar su Evangelio estando siempre abiertos al cambio, mirar sus gestos y recordar sus obras con la posibilidad de que el Señor nos esté llamando a algo nuevo.

Pablo alerta a la comunidad a cumplir el Evangelio tal como él lo predica, incluso si esto conlleva desafíos y cambios significativos.

¿Me es fácil aceptar el cambio que el Evangelio me propone? ¿Está el Señor llamándome a algo nuevo?

1 Corintios 15:1–8
Salmo 19:2–3,4–5
Juan 14:6–14

Viernes
4 DE MAYO

Nadie tiene amor más grande a sus amigos que el que da la vida por ellos.
Ustedes son mis amigos, si hacen lo que yo les mando.
—JUAN 15:13–14

Ser amigo de Jesús implica un cambio radical en la vida, ya que, al ser su amigo, aprendemos a limpiar el corazón de todo aquello que lo mancha, dando espacio para que el amor y la compasión habiten en él. Es el gran amor de Cristo y el sacrificio de ofrecer su vida por los demás lo que transforma todo.

¿Qué áreas de mi vida debo transformar para que el amor reine en mi corazón?

Hechos de los Apóstoles 15:22–31
Salmo 57:8–9,10 y 12
Juan 15:12–17

5 DE MAYO

Acuérdense de lo que les dije: "El siervo no es superior a su señor". Si a mí me han perseguido, también a ustedes los perseguirán, y el caso que han hecho de mis palabras lo harán de las de ustedes.
—JUAN 15:20

Jesús sabe que los futuros discípulos tendrán un camino difícil por recorrer, mas no imposible. Si perseveran en la oración, la recepción de los sacramentos, la formación continua y el compromiso por edificar el Reino de Dios, la carga se hará más ligera a pesar de las tribulaciones.

¿Cómo siento que Dios me ayuda a superar las dificultades?

Hechos de los Apóstoles 16:1–10
Salmo 100:1b–2,3,5
Juan 15:18–21

Queridos hijos: Amémonos los unos a los otros, porque el amor viene de Dios, y todo el que ama ha nacido de Dios y conoce a Dios. El que no ama, no conoce a Dios, porque Dios es amor.

—I JUAN 4:7–8

En la cafetería de una universidad, un estudiante le preguntó a su compañero: "¿Cómo sabemos que Dios existe?". A lo cual el amigo replicó: "Amándonos los unos a los otros como él nos ha amado".

Dame, Señor, la capacidad de ensanchar mi corazón y poder amar a mis hermanos como tú lo pides.

Hechos de los Apóstoles
10:25–26,34–35,44–48
Salmo 98:1,2–3,3–4 (ver 2b)
1 Juan 4:7–10
Juan 15:9–17

Jesús dijo a sus discípulos: "Cuando venga el Consolador, que yo les enviaré a ustedes de parte del Padre, el Espíritu de verdad que procede del Padre, él dará testimonio de mí y ustedes también darán testimonio, pues desde el principio han estado conmigo".
—JUAN 15:26

El Espíritu Santo también es conocido como el Consolador, porque él nos anima durante los tiempos difíciles, nos ofrece esperanza cuando todo se vuelve gris en la vida y nos brinda consuelo si nos sentimos defraudados o perdidos.

Espíritu de Dios, ven a mi vida y ofréceme tu paz.

Hechos de los Apóstoles 16:11–15
Salmo 149:1b–2,3–4,5–6a y 9b
Juan 15:26—16:4a

[El carcelero] les preguntó: "¿Qué debo hacer para salvarme?" Ellos le contestaron: "Cree en el Señor Jesús y te salvarás, tú y tu familia".
—HECHOS DE LOS APÓSTOLES 16:31

El don de la fe es gratuito, pues no solo se ofrece a los elegidos sino a todo aquel que quiera recibirlo. Como el carcelero que pidió la salvación porque vio el poder del Espíritu Santo en los apóstoles, así cada uno de nosotros debe pedir la salvación para sí mismo y sus seres queridos.

Señor, nunca apartes de mí el don de la fe.

Hechos de los Apóstoles 16:22–34
Salmo 138:1–2ab,2cde–3,7c–8
Juan 16:5–11

Dios quería que lo buscaran a él y que lo encontraran, aunque fuera a tientas, pues en realidad no está lejos de nosotros, ya que en él vivimos, nos movemos y somos.
—HECHOS DE LOS APÓSTOLES 17:27–28

Dios quiere que todos los hombres se salven, dice la Escritura. Cualquier persona puede buscar y encontrar a Dios, porque su imagen está impresa en cada uno de nosotros. Nada puede existir si no es por él, y nadie puede amar si no es por su amor.

¿Busco a Dios en las cosas que hago?

Hechos de los Apóstoles 17:15,22—18:1
Salmo 148:1–2,11–12,13,14
Juan 16:12–15

Jueves
1o DE MAYO

Yo, Pablo, prisionero por la causa del Señor, los exhorto a que lleven una vida digna del llamamiento que han recibido. Sean siempre humildes y amables; sean comprensivos y sopórtense mutuamente con amor.
—EFESIOS 4:1–2

Hoy, la Iglesia celebra la Ascensión del Señor, lo que para el cristiano significa que el hijo está sentado a la derecha del Padre compartiendo su divinidad. Todos estamos llamados a trabajar en la santidad, a caminar hacia el horizonte del Padre como su hijo Jesús lo hizo, con amor.

¿Qué me puede ayudar a actuar con amor ante los obstáculos que hay en mi camino hacia el Padre?

Hechos de los Apóstoles 1:1–11
Salmo 47:2–3,6–7,8–9 (6)
Efesios 1:17–23 o 4:1–13 o 4:1–7,11–13
Marcos 16:15–20

Le dijo el Señor: "No tengas miedo. Habla y no calles, porque yo estoy contigo y nadie pondrá la mano sobre ti para perjudicarte. Muchos de esta ciudad pertenecen a mi pueblo".
—HECHOS DE LOS APÓSTOLES 18:9B–10

El Señor es el dueño de todo y no hay resistencia, división, barrera o injusticia que se interponga a su voz. Dios alienta a los hombres de buena voluntad a que salgan y hablen de su Reino para que lleven su paz y justicia a todos los pueblos.

Señor Padre, ¡infunde en mí la valentía de hablar de tu Reino!

Hechos de los Apóstoles 18:9–18
Salmo 47:2–3,4–5,6–7
Juan 16:20–23

Jesús dijo a sus discípulos: "Yo les aseguro: cuanto pidan al Padre en mi nombre, se lo concederá. Hasta ahora no han pedido nada en mi nombre. Pidan y recibirán, para que su alegría sea completa".
—JUAN 16:23B–24

Jesús nos enseña que, como hijos de Dios, podemos pedir al Padre lo que necesitamos con entera confianza. Sin embargo, Dios no es un Dios complaciente, que concede todos nuestros caprichos, sino que él sabe exactamente lo que hará que nuestra alegría sea completa.

Señor, te pido tener sabiduría para saber pedir aquello que hará que mi alegría sea completa.

Hechos de los Apóstoles 18:23–28
Salmo 47:2–3,8–9,10
Juan 16:23b–28

A Dios nadie lo ha visto nunca; pero si nos amamos los unos a los otros,
Dios permanece en nosotros y su amor en nosotros es perfecto.
—I JUAN 4:12

Hoy, más que nunca, el Señor nos pide trabajar para construir
una civilización de amor y una cultura de encuentro donde los
valores del respeto, de la honestidad, de la generosidad y de la
solidaridad reinen en la sociedad y en nuestro prójimo.

¿Cómo puedo compartir hoy los valores cristianos con
mi familia?

Hechos de los Apóstoles 1:15–17,20a,20c–26
Salmo 103:1–2,11–12,19–20 (19a)
1 Juan 4:11–16
Juan 17:11b–19

Este es mi mandamiento: que se amen los unos a los otros como yo los he amado. Nadie tiene amor más grande a sus amigos que el que da la vida por ellos.
—JUAN 15:12–13

El papa Francisco ha dicho más de una vez que dentro de una familia puede haber diferencias, discusiones, enojos y frustraciones, pero que al final del día es esencial pedir perdón por las ofensas cometidas. La marca del cristiano es el amor por el prójimo y Jesús nos dice que este es su mandato.

¿Cómo puedo hacer hoy más evidente esta marca en mi persona?

Hechos de los Apóstoles 1:15–17,20–26
Salmo 113:1–2,3–4,5–6,7–8
Juan 15:9–17

La vida eterna consiste en que te conozcan a ti, único Dios verdadero, y a Jesucristo, a quien tú has enviado.
—JUAN 17:3

¿Cuántas veces nos cuestionamos el sentido de nuestra vida? Y Jesucristo resume toda enseñanza en esta frase: "Que te conozcan a ti, único Dios verdadero, y a Jesucristo". En esto consiste el destino de nuestra vida: llegar a conocer al único Dios de Jesucristo, porque él es el único que puede dar sentido a nuestra vida.

¿A qué dedico tiempo para obtener la vida eterna?

*Santifícalos en la verdad. Tu palabra es la verdad. Así como tú me enviaste
al mundo, así los envío yo también al mundo.*
—JUAN 17:17–18

¿Qué padre o madre no pide por sus hijos antes de salir de
su casa? Lo hacemos porque sabemos que el mundo puede ser
difícil y duro, y los encomendamos a Dios para que los cuide
y los aparte de todo mal. De la misma manera, Jesús en su
oración pide ante su Padre que vele por sus apóstoles para que
puedan cumplir fielmente la misión que les será dada.

Descansa por unos minutos en Dios, dándole las gracias por
cuidar de ti y de los tuyos.

Hechos de los Apóstoles 20:28–38
Salmo 68:29–30,33–35a,35bc–36ab
Juan 17:11b–19

"Yo les he dado a conocer tu nombre y se lo seguiré dando a conocer, para que el amor con que me amas esté en ellos y yo también en ellos".
—JUAN 17:26

Continuamos con la oración que Jesús hace ante su Padre. Como maestro de los apóstoles, él no quiere que sus discípulos nos perdamos en las distracciones del mundo ni que olvidemos el amor que nos viene del Padre a través de Jesús.

¿Cómo puedo ser reflejo del amor del Padre como lo es Jesús?

Hechos de los Apóstoles 22:30; 23:6–11
Salmo 16:1–2a y 5,7–8,9–10,11
Juan 17:20–26

18 DE MAYO

• SAN JUAN I, PAPA Y MÁRTIR •

*Le preguntó Jesús a Simón Pedro: "Simón, hijo de Juan, ¿me amas más que
estos?" Él le contesto: "Sí, Señor, tú sabes que te quiero". Jesús le dijo:
"Apacienta mis corderos".*
—JUAN 21:15

Tres veces Jesús le preguntó a Simón Pedro si lo amaba más
que a sus hermanos, no porque dudara de él, sino para
contrarrestar las tres veces que Pedro lo había negado. Pero
más que palabras, el amor a Dios conlleva servicio, y el servicio
conlleva el apacentar al pueblo de Dios con el alimento de
su Palabra.

¿A quién puedo llevar el amor de Dios con mi servicio?

Hechos de los Apóstoles 25:13b–21
Salmo 103:1–2,11–12,19–20ab
Juan 21:15–19

Jesús le respondió: "Si yo quiero que este permanezca vivo hasta que yo vuelva, ¿a ti qué? Tú, sígueme".
—JUAN 21:22

Es en el seno de la Iglesia donde nacen los santos; hombres y mujeres dispuestos a seguir a Jesucristo y proclamar su Evangelio. La Iglesia es una gran familia de creyentes que tratan de caminar hacia el Señor y que están dispuestos a seguir a Dios por amor.

¿Verdaderamente sigo a Jesús sin reservas?

Hechos de los Apóstoles 28:16–20,30–31
Salmo 11:4,5 y 7
Juan 21:20–25

Domingo

20 DE MAYO

• DOMINGO DE PENTECOSTÉS •

En cambio, los frutos del Espíritu Santo son: el amor, la alegría, la paz, la generosidad, la benignidad, la bondad, la fidelidad, la mansedumbre y el dominio de sí mismo.
—GÁLATAS 5:22–23

Hoy, la Iglesia celebra el nacimiento mismo de la Iglesia bajo la efusión del Espíritu Santo, que se hizo presente ante los apóstoles y les dio la fuerza para salir a predicar el Evangelio a todas las naciones. Es el Espíritu de Dios el que nos da ese empujoncito para salir de nosotros mismos y poner a Dios Padre, Hijo y Espíritu Santo en el centro de todo.

¡Ven Espíritu Santo y renovarás la faz de la Tierra!

MISA VESPERTINA DE LA VIGILIA:
Génesis 11:1–9 o Éxodo 19:3–8a,16–20b o Ezequiel 37:1–14 o
Joel 3:1–5
Salmo 104:1–2,24,35,27–28,29,30
Romanos 8:22–27
Juan 7:37–39

MISA DEL DIA:
Hechos de los Apóstoles 2:1–11
Salmo 104:1,24,29–30,31,34
1 Corintios 12:3b–7,12–13 o Gálatas 5:16–25
Juan 20:19–23 o 15:26–27; 16:12–15

21 DE MAYO

Entonces el padre del muchacho exclamó entre lágrimas: "Creo, Señor; pero dame tú la fe que me falta".
—MARCOS 9:24

Los golpes duros que la vida nos da nos pueden hacer dudar o desfallecer en el compromiso con Dios. Pero es en nuestra propia debilidad donde reconocemos aún más la grandeza del Señor.

Así como el padre del muchacho lo hizo en este pasaje, siempre podemos acercarnos al Señor y pedirle desde nuestra desesperación que aumente nuestra fe.

¿Hay alguien de mi entorno que pasa por un momento difícil y necesita mi apoyo para no desfallecer?

Santiago 3:13–18
Salmo 19:8,9,10,15
Marcos 9:14–29

"El que reciba en mi nombre a uno de estos niños, a mí me recibe. Y el que me reciba a mí, no me recibe a mí, sino a aquel que me ha enviado".
—MARCOS 9:37

¿Qué recibimos de un niño? Ternura, cariño, energía, risas y mil preguntas por contestar. Pero ante todo, un niño nos enseña a amar sin límites ni restricciones, con un corazón totalmente abierto y vulnerable.

Del mismo modo, el discípulo de Cristo debe ser vulnerable al amor de Dios y confiar en él sin limitaciones. Es en la vulnerabilidad donde apreciamos lo que recibimos.

¿Sé valorar lo que he recibido del Señor?

Santiago 4:1–10
Salmo 55:7–8,9–10a,10b–11a,23
Marcos 9:30–37

"Todo aquel que no está contra nosotros, está a nuestro favor".
—MARCOS 9:40

La vocación primaria de todo cristiano es seguir a Jesús y cooperar en el plan de Dios para construir su Reino. Es por eso que la Iglesia respeta tanto a las comunidades eclesiásticas como a nuestros hermanos cristianos que no comparten la fe católica, ya que, si siguen fielmente a Jesús, no están contra nosotros, sino a nuestro favor, aunque de una manera incompleta.

¿Cómo puedo evitar todo tipo de prejuicio hacia las personas que no piensan exactamente como yo?

Santiago 4:13–17
Salmo 49:2–3,6–7,8–10,11
Marcos 9:38–40

Jueves

24 DE MAYO

*Si tu mano te es ocasión de pecado, córtatela; pues más te vale entrar manco
en la vida eterna, que ir con tus dos manos al lugar de castigo, al fuego
que no se apaga.*
—MARCOS 9:43

Jesús nos enseña que el infierno existe y que de nosotros
depende evitar pecados que nos puedan robar la vida eterna.
Estos pecados nacen en lo profundo de nuestro ser y deben ser
arrancados de raíz para que no den fruto.

¿Hay algún pensamiento o sentimiento negativo que esté
albergando en mi corazón y que deba arrancar de raíz?

Santiago 5:1–6
Salmo 49:14–15ab,15cd–16,17–18,19–20
Marcos 9:41–50

• SANTO BEDA EL VENERABLE, PRESBÍTERO Y DOCTOR DE LA IGLESIA • SAN
GREGORIO VII, PAPA• SANTA MARÍA MAGDALENA DE PAZZI, VIRGEN •

No murmuren los unos de los otros, para que en el día del juicio no sean
condenados. Miren que el juez ya está a la puerta.
—SANTIAGO 5:9

En la carta de Santiago se nos dice que la lengua es el órgano
más difícil de controlar. Si la usamos bien, con ella podemos
bendecir, elogiar y desear las mejores cosas a nuestro prójimo.
Si no la sabemos controlar, podemos usarla para murmurar
sobre nuestro prójimo, dando paso a la calumnia, la mentira y
la difamación.

¿Suelo bendecir y elogiar a mi prójimo?

Santiago 5:9–12
Salmo 103:1–2,3–4,8–9,11–12
Marcos 10:1–12

Sábado
26 DE MAYO
• SAN FELIPE NERI, PRESBÍTERO •

"Dejen que los niños se acerquen a mí y no se lo impidan, porque el Reino de Dios es de los que son como ellos. Les aseguro que el que no reciba el Reino de Dios como un niño, no entrará en él".
—MARCOS 10:14–15

En la víspera de Pentecostés de 1544, san Felipe Neri pidió los dones del Espíritu Santo y vio venir del cielo un globo de fuego que penetró en su boca y se dilató en su pecho. Como consecuencia, le quedó un bulto del tamaño de un puño, pero esto jamás le causó dolor. Gracias al amor que le tenía a Jesucristo, san Felipe tenía el poder de leer el pensamiento de sus penitentes y de lograr numerosas conversiones.

¡San Felipe Neri, ruega por nosotros!

Santiago 5:13–20
Salmo 141:1–2,3 y 8
Marcos 10:13–16

No han recibido ustedes un espíritu de esclavos, que los haga temer de nuevo,
sino un espíritu de hijos, en virtud del cual podemos llamar Padre a Dios.
—ROMANOS 8:15

Somos el regalo discreto que su amor nos dejó. Por medio del Bautismo se nos ha dado el don del Espíritu y, con esto, se nos ha hecho libremente hijos de Dios, por lo que podemos llamar padre a Dios sin miedo al rechazo.

Descansando en el regazo de Dios, dale gracias por hacernos sus hijos.

Deuteronomio 4:32–34,39–40
Salmo 33:4–5,6,9,18–19,20,22 (12b)
Romanos 8:14–17
Mateo 28:16–20

"Más fácil le es a un camello pasar por el ojo de una aguja, que a un rico entrar en el Reino de Dios".
—MARCOS 10:25

Este pasaje se desenvuelve entre Jesús y un hombre rico al que le es difícil abandonar todo para seguirlo. Por ello, Jesús declara que resulta más fácil para un camello entrar por el ojo de una aguja, que a un rico entrar en el Reino de Dios. Mientras que la joroba es parte del camello, el dinero no es parte del rico.

¿Me despojaría de todo aquello que me impide seguir a Dios?

1 Pedro 1:3–9
Salmo 111:1–2,5–6,9 y 10c
Marcos 10:17–27

Martes

29 DE MAYO

Todo esto les ha sido anunciado ahora a ustedes, por medio de aquellos que les han predicado el Evangelio con la fuerza del Espíritu Santo.
—I PEDRO 1:12

Es Pedro quien da a conocer por qué ha dejado todo para seguir a Jesús. Y ahora predica el Evangelio en toda Asia Menor, pidiendo a la gente que no se deje llevar por sus pasiones, sino que se mantenga alerta ante la venida de Jesucristo.

¿De qué modo me preparo para la venida de Cristo?

1 Pedro 1:10–16
Salmo 98:1,2–3ab,3cd–4
Marcos 10:28–31

Miércoles

30 DE MAYO

*Jesús y sus discípulos iban camino de Jerusalén y Jesús se les iba
adelantando. Los discípulos estaban sorprendidos y la gente que lo
seguía tenía miedo.*
—MARCOS 10: 32

En este pasaje Jesús tomó la iniciativa, así como Dios siempre
toma la iniciativa y se nos adelanta en el camino. Pero la gente
tenía miedo porque se dirigían rumbo a Jerusalén y conocían
muy bien la suerte de aquellos que hablaban de Dios. No
obstante, el miedo no los detuvo y continuaron su camino.

Jesús, concédeme la fuerza para seguir tu camino a pesar de
mis temores.

1 Pedro 1:18–25
Salmo 147:12–13,14–15,19–20
Marcos 10:32–45

Que la esperanza los mantenga alegres; sean constantes en la tribulación y
perseverantes en la oración.
—ROMANOS 12:12

¡Qué buen consejo nos brinda Pablo el día de hoy! El camino del discípulo de Cristo es mantener siempre la alegría de aquel que vino a nuestro camino y se hizo uno entre nosotros para salvarnos. Nunca perdamos esa alegría en los momentos difíciles, y mucho menos la esperanza.

¿Cómo puedo compartir hoy mi alegría con los demás?

Sofonías 3:14–18a o Romanos 12:9–16
Isaías 12:2–3,4bcd,5–6
Lucas 1:39–56

1 DE JUNIO

• SAN JUSTINO, MÁRTIR •

"Que nunca jamás coma nadie frutos de ti".
—MARCOS 11:14

Son sorprendentes las palabras de Jesús al maldecir a la higuera cuando no era tiempo de higos. Pero la enseñanza es clara: aquel que ha sido llamado por el Señor no puede permanecer a la espera, sino que debe ponerse a trabajar. Los talentos que cada uno ha recibido deben ponerse al servicio de los demás.

¿De qué maneras pongo mis talentos al servicio de los demás?

1 Pedro 4:7–13
Salmo 96:10,11–12,13
Marcos 11:11–26

2 DE JUNIO

• SAN MARCELINO Y SAN PEDRO, MÁRTIRES •

Consolídense sobre el cimiento de su fe santa, oren movidos por el Espíritu
Santo, conserven en ustedes el amor a Dios, en espera de que la misericordia
de nuestro Señor Jesucristo les dé la vida eterna.
—JUDAS 20–21

Cuatro consejos da la carta de Judas a todo creyente:

1. Crecer en la formación de la fe.

2. Nunca dejar de orar implorando al Espíritu Santo.

3. Convivir y hacer comunidad.

4. Tener la esperanza de la vida eterna.

¿En qué área necesito enfocarme más en este momento?

Judas 17,20b–25
Salmo 63:2,3–4,5–6
Marcos 11:27–33

Domingo

3 DE JUNIO

• EL SANTÍSIMO CUERPO Y SANGRE DE CRISTO (CORPUS CHRISTI) •

Jesús tomó un pan, pronunció la bendición, lo partió y se lo dio a sus discípulos, diciendo: "Tomen: esto es mi cuerpo". Y tomando en sus manos una copa de vino, pronunció la acción de gracias, se la dio, todos bebieron y les dijo: "Esta es mi sangre, sangre de la alianza, que se derrama por todos".
—MARCOS 14:22–24

En varios pasajes de los Evangelios leemos que Jesús comparte los alimentos con sus discípulos porque sabe que las relaciones se enriquecen en las comidas y alrededor de la mesa. Lo que distingue este acto es que Jesús establece una nueva alianza con su Cuerpo y Sangre, que abrirá la salvación para todo aquel que crea en él superando la alianza establecida con Moisés en la Pascua.

¿Creo verdaderamente que Jesús está presente bajo la forma de pan y vino?

Éxodo 24:3–8
Salmo 116:12–13,15–16,17–18 (13)
Hebreos 9:11–15
Marcos 14:12–16,22–26

⇒ 183 ⇐

Por eso, esfuércense en añadir a su buena fe buena conducta; a la buena conducta, la inteligencia.
—2 PEDRO 1:5–6

Hay distintos tipos de metas que la gente se propone. Unas hacen más énfasis en cosas relacionadas con las finanzas, el éxito y las oportunidades de trabajo. Otras se enfocan más en aquellas cosas que nos puedan llevar a ser mejores personas y a tener un mayor equilibrio en nuestra vida. Este tipo de cambio positivo está muy a tono con la carta de Pedro, en la que se pide a todos los discípulos de Cristo que se esfuercen por una buena conducta.

¿Qué cambio positivo puedo proponerme lograr?

2 Pedro 1:2–7
Salmo 91:1–2,14–15b,15c–16
Marcos 12:1–12

5 DE JUNIO

Entonces les respondió Jesús: "Den al César lo que es del César, y a Dios lo que es de Dios". Y los dejó admirados.
—MARCOS 12:17

Vivir el Evangelio es lo opuesto a apartarse de la realidad del mundo. Vivimos como seguidores de Jesús en medio de la realidad del mundo que nos rodea, con su belleza abrumadora y sus injusticias, con la paz de la creación y el terror de la guerra. Seguir a Cristo no nos exime de nuestra responsabilidad con el mundo, sino que nos llama a transformarlo con el amor de Cristo.

¿Cómo doy a Dios lo que es de Dios?

2 Pedro 3:12–15a,17–18
Salmo 90:2,3–4,10,14 y 16
Marcos 12:13–17

Dios no es Dios de muertos, sino de vivos.
—MARCOS 12:27

Que Dios no es Dios de muertos sino de vivos es uno de los elementos clave de nuestra fe; de hecho, los cristianos no estamos amenazados de muerte, sino de Resurrección. El Dios de Abraham, el Dios de Isaac, el Dios de Jacob, es también nuestro Dios y será el Dios de nuestros hijos y nietos. Nuestra esperanza en la Salvación y en la vida eterna da sentido a nuestra vida y moldea nuestra alma.

¡Bendito seas Padre del Cielo! Mantén en mí la llama viva de la fe en tu Resurrección.

2 Timoteo 1:1–3,6–12
Salmo 123:1b–2ab,2cdef
Marcos 12:18–27

Adviérteles a todos, delante de Dios, que eviten las discusiones por cuestión de palabras, lo cual no sirve para nada, sino para perdición de los oyentes.
—2 TIMOTEO 2:14

¿Cuántas veces hemos caído en discusiones sin salida? ¿Qué nos motiva a continuar discutiendo obstinadamente? Lo cierto es que casi nadie entra en una discusión por el simple hecho de alegar, sino porque se cree poseedor de la verdad. Pero aunque así fuera, Pablo advierte a su fiel amigo, Timoteo, que para seguir a Cristo no se necesitan largos y convincentes argumentos, sino trabajar intachablemente y ser fieles a la verdad.

Dios, mi Señor, te pido prudencia para pensar bien las cosas antes de decirlas.

2 Timoteo 2:8–15
Salmo 25:4–5ab,8–9,10 y 14
Marcos 12:28–34

Viernes

8 DE JUNIO

• EL SAGRADO CORAZÓN DE JESÚS •

Cuando Israel era niño, yo lo amé,
y de Egipto llamé a mi hijo, dice el Señor.
—OSEAS 11:1

Se dice que los sentimientos y las emociones más puros nacen del corazón. Hoy celebramos la fiesta del Sagrado Corazón de Jesús. Es en el corazón puro de Jesucristo donde se guardan los sentimientos y las emociones más íntimos de Dios Padre y a donde buscamos llegar en nuestro caminar hacia el Padre.

Señor mío, ablanda mi corazón y hazlo uno como el tuyo.

Oseas 11:1,3–4,8c–9
Isaías 12:2–3,4,5–6 (3)
Efesios 3:8–12,14–19
Juan 19:31–37

• EL INMACULADO CORAZÓN DE LA SANTÍSIMA VIRGEN MARÍA •

Su madre conservaba en su corazón todas aquellas cosas.
—LUCAS 2:51

¡Cuántos recuerdos debió guardar nuestra madre en su corazón! Tantas memorias de Jesús que los evangelios no nos dicen y que solo María, su madre, conoce muy bien, porque lo vio nacer, crecer y fortalecerse en el Señor. Fueron tantos los recuerdos que guardó nuestra madre, que fue descubriendo el plan de Dios en su vida.

Qué corazón tan puro tienes, Virgencita.
Tú, que mirabas a tu hijo Jesús crecer
y que con tu corazón lo pudiste amar,
con ese amor incondicional
que solo una madre puede dar,
pon tu mirada en cada uno de nosotros, tus hijos,
y no dejes que nos apartemos de tu hijo Jesucristo.

2 Timoteo 4:1–8
Salmo 71:8–9,14–15ab,16–17,22
Lucas 2:41–51

$\mathscr{D}omingo$

10 DE JUNIO

· X DOMINGO DEL TIEMPO ORDINARIO ·

Al enterarse sus parientes, fueron a buscarlo, pues decían que se
había vuelto loco.
—MARCOS 3:21

A veces las personas que nos son más cercanas no entienden cómo Jesús está obrando en nosotros. Puede que para ellos no tenga sentido cómo vivimos nuestra vida. Lo único que podemos hacer es tener paciencia con aquellos que no entienden nuestro camino espiritual. Aun así nos mantenemos en el camino de Jesús.

¡Espíritu Santo, derrama tu luz en todo lo que nos toque vivir!

Génesis 3:9–15
Salmo 130:1–2,3–4,5–6,7–8 (7bc)
2 Corintios 4:13—5:1
Marcos 3:20–35

11 DE JUNIO

Lunes

• SAN BERNABÉ, APÓSTOL •

Dichosos los que trabajan por la paz,
porque se les llamará hijos de Dios.
—MATEO 5:9

¡Dichosos aquellos que trabajan por la paz! Justamente así fue la vida de san Bernabé apóstol. A pesar de que no fue uno de los doce apóstoles elegidos por Jesús, tiene el título de apóstol por ser uno de sus seguidores más apreciados por los doce apóstoles. Fue una persona llena de fe que llevó la Buena Nueva a Antioquía, donde convirtió a muchos.

Como seguidor de Jesús, ¿qué siento que me pide el Señor?

Hechos de los Apóstoles 11:21b–26; 13:1–3
Salmo 98:1,2–3ab,3cd–4,5–6
Mateo 5:1–12

12 DE JUNIO

"Ustedes son la sal de la tierra. Si la sal se vuelve insípida, ¿con qué se le devolverá el sabor? Ya no sirve para nada y se tira a la calle para que la pise la gente".
—MATEO 5:13

Piensa en cuál es tu platillo favorito. ¿Enchiladas? ¿Tacos al pastor? ¿Arroz con pollo? Ahora pregúntate qué ingrediente lo hace tan suculento. Quizás pienses en cosas como la salsa, el aguacate o el queso, pero no le das suficiente crédito al ingrediente que le da mayor sabor: la sal.

Los discípulos cristianos debemos ser la sal de la tierra sin ser protagonistas. En pocas palabras, debemos sazonar la vida con la alegría de sabernos hijos de Dios.

¿De qué maneras trato de sazonar la vida de mi hogar?

1 Reyes 17:7–16
Salmo 4:2–3,4–5,7b–8
Mateo 5:13–16

"Respóndeme, Señor, respóndeme, para que todo este pueblo sepa que tú, Señor, eres el Dios verdadero, que puede cambiar los corazones".
—I REYES 18:37

La Iglesia celebra a san Antonio de Padua, fraile franciscano reconocido por su consagración a la predicación. En una ocasión, cuando los herejes de Rímini impedían al pueblo acudir a sus sermones, san Antonio se fue a la orilla del mar y empezó a gritar: "Oigan la palabra de Dios, ustedes, los pececillos del mar, ya que los pecadores de la tierra no la quieren escuchar". A su llamado acudieron miles y miles de peces que sacudían la cabeza en señal de aprobación. Aquel milagro se dio a conocer y conmovió a la ciudad, por lo que los herejes tuvieron que ceder.

Dios es el único que puede cambiar el corazón de las personas.

Como el pez del mar, ¿estoy atento al llamado de Jesús y dispuesto a escuchar la palabra de Dios?

1 Reyes 18:20–39
Salmo 16:1b–2ab,4,5ab y 8,11
Mateo 5:17–19

14 DE JUNIO

Jesús dijo a sus discípulos: "Les aseguro que si su justicia no es mayor que la de los escribas y fariseos, ciertamente no entrarán ustedes en el Reino de los cielos".
—MATEO 5:20

En 1979, la madre Teresa de Calcuta decía: "Soy como un pequeño lápiz en sus manos, nada más. Es Él quien piensa. Es Él quien escribe". Es en la sencillez de los actos humanos guiados por el espíritu de Dios donde se vive la santidad, no en la letra de la ley que se estudia minuciosamente.

Pide a Jesús ayuda para no ser indiferente ante las injusticias.

1 Reyes 18:41–46
Salmo 65:10,11,12–13
Mateo 5:20–26

Y si tu mano derecha es para ti ocasión de pecado, córtatela y arrójala lejos de ti, porque más te vale perder una parte de tu cuerpo y no que todo él sea arrojado al lugar de castigo.
—MATEO 5:30

El pecado puede comenzar como algo pequeño, pero si se desatiende, puede crecer como la gangrena y destruir nuestra relación con Dios. Dios nos pide que seamos cautelosos y vigilantes con nuestras acciones y sentimientos, y que nunca dejemos de trabajar por mantener un espíritu recto.

Dios, te pido que ilumines mi vida con tu verdad para que no sea víctima de la gangrena espiritual.

1 Reyes 19:9a,11–16
Salmo 27:7–8a,8b–9abc,13–14
Mateo 5:27–32

No jurarás en falso y le cumplirás al Señor lo que le hayas
prometido con juramento.
—MATEO 5:33

Jesús enseña que el nombre de Dios es santo y que debe
ser respetado y no ser utilizado para dar falso testimonio o
perjurio. Dios nos pide honestidad, con nosotros mismos, con
los demás y en nuestra relación con él. No podemos llegar a
Dios sino a través de nuestro corazón limpio, donde él habita.

¿De qué manera soy honesto en mi relación con Jesús?

"¿Con qué compararemos el Reino de Dios?. . . Es como una semilla de mostaza que, cuando se siembra, es la más pequeña de las semillas".
—MARCOS 4:30–31

Aunque la semilla de mostaza es tan pequeña que casi no se percibe, contiene las propiedades vitales que son necesarias para que crezca. Así también es el Reino de Dios: solo se puede percibir con los ojos de la fe y crece de manera silenciosa y desapercibida. Es nuestro deber como discípulos cristianos hacer germinar la semilla de mostaza que habita en el corazón del ser humano.

¿Cómo cuido mi semilla de mostaza para que crezca?

Ezequiel 17:22–24
Salmo 92:2–3,13–14,15–16
2 Corintios 5:6–10
Marcos 4:26–34

"Al que te pide, dale; y al que quiere que le prestes, no le vuelvas la espalda".
—MATEO 5:42

Jesús pide a sus discípulos que no busquen la venganza, ya que esta envenena y mata el alma. Los exhorta a que no sigan la Ley del Talión, sino la ley de amar al prójimo y ser como Dios Padre, que hace llover —sostiene la vida— incluso para aquellos que no lo conocen.

Jesús, concédeme conservar un corazón generoso, que busque siempre solo el bien para los demás.

1 Reyes 21:1–16
Salmo 5:2–3ab,4b–6a,6b–7
Mateo 5:38–42

$\mathcal{M}$ a r t e s

19 DE JUNIO

• SAN ROMUALDO, ABAD •

Amen a sus enemigos, hagan el bien a los que los odian y rueguen por los que los persiguen y calumnian.
—MATEO 5:44

Jesús nos enseña que el auténtico camino a la salvación no radica en amar a quien nos ama, sino en el trato y el cuidado que demos a quienes nos persiguen, odian o calumnian. No hay nada de extraordinario en amar al que nos ama. El verdadero desafío, como Jesús lo pide, consiste en amar a nuestros enemigos.

¿Está mi corazón dispuesto a amar a alguien con quien he tenido muchos disgustos?

1 Reyes 21:17–29
Salmo 51:3–4,5–6ab,11 y 16
Mateo 5:43–48

*Tú, en cambio, cuando vayas a orar, entra en tu cuarto, cierra la puerta y
ora ante tu Padre, que está allí, en lo secreto.*
—MATEO 6:6

La sencillez y la humildad en la oración son la debilidad de
Dios. No necesitamos hacer alarde ni llamar la atención a la
hora de rezar o de comunicarnos con Dios. Jesús nos enseña
que podemos tener una relación con Dios sin alardes y sin
miedos, sea cual sea nuestra situación o nuestros problemas.

¿Qué sentimientos surgen en mi corazón al hablar con Dios?

2 Reyes 2:1,6–14
Salmo 31:20,21,24
Mateo 6:1–6,16–18

21 DE JUNIO

• SAN LUIS GONZAGA, RELIGIOSO •

Jesús dijo a sus discípulos: "Cuando ustedes hagan oración, no hablen mucho, como los paganos, que se imaginan que a fuerza de mucho hablar serán escuchados".
—MATEO 6:7

Hay un refrán que dice: "Las palabras mueven pero los ejemplos arrastran". El Señor prefiere que nuestra oración sea sencilla, íntima y dirigida al corazón de Dios, y no superficial y de "dientes para afuera". El Señor necesita testigos de su amor más que palabras vacías.

Señor, guía mis plegarias y déjame encontrarte en mi oración sencilla.

Eclesiástico 48:1–14
Salmo 97:1–2,3–4,5–6,7
Mateo 6:7–15

• SAN PAULINO DE NOLA, OBISPO • SAN JUAN FISHER, OBISPO, Y SANTO
TOMÁS MORE, MÁRTIRES •

Donde está tu tesoro, ahí también está tu corazón.
—MATEO 6:20

Jesús nos habla de lo poco importantes que en realidad son las riquezas que podamos acumular en la tierra; estas son fáciles de perder. Todos conocemos o hemos oído hablar de personas que, a pesar de tener mucho, lo han perdido todo. Jesús nos insta a realizar nuestras inversiones allí donde nuestro tesoro no nos puede ser robado ni echado a perder, y donde seguirá dándonos beneficios, siempre.

¿Cuáles son mis tesoros?

2 Reyes 11:1–4,9–18,20
Salmo 132:11,12,13–14,17–18
Mateo 6:19–23

Jesús dijo a sus discípulos: "Nadie puede servir a dos amos, porque odiará a uno y amará al otro, o bien obedecerá al primero y no hará caso al segundo. En resumen, no pueden ustedes servir a Dios y al dinero".
—MATEO 6:24

Dios es un Dios celoso, no en el sentido de ser posesivo, sino en el sentido de que fuera de él hay perdición. Para muchos, el dinero se convierte en la meta a seguir, haciendo que el sistema de valores cambie y que la manipulación, el control y el poder se conviertan en ídolos falsos.

¡Bendito seas, Señor! ¡No hay Dios más grande que tú!

2 Crónicas 24:17–25
Salmo 89:4–5,29–30,31–32,33–34
Mateo 6:24–34

El Señor me dijo: / "No digas que eres un muchacho, / pues irás a donde yo te envíe / y dirás lo que yo te mande".
—JEREMÍAS 1:7

Uno de los recuerdos más gratos que tengo de mi niñez es la fiesta de san Juan Bautista. En mi tierra era muy común celebrar este día arrojando baldes de agua a la gente que caminaba por la calle o que iba en auto. Había una sola regla que no siempre se seguía: no echar agua a las personas muy mayores. Lo que más recuerdo de esta fecha es la alegría de los chiquillos y la sorpresa de la gente al recibir el balde de agua.

¿Me considero una persona alegre?

VIGILIA:
Jeremías 1:4–10
Salmo 71:1–2,3–4a,5–6ab,15ab y 17
1 Pedro 1:8–12
Lucas 1:5–17

DÍA:
Isaías 49:1–6
Salmo 139:1b–3,13–14ab,14c–15
Hechos de los Apóstoles 13:22–26
Lucas 1:57–66,80

Jesús dijo a sus discípulos: "No juzguen y no serán juzgados; porque así como juzguen los juzgarán y con la medida que midan los medirán".
—MATEO 7:1

¡Qué fácil es señalar los errores de los demás y qué difícil aceptar y reconocer los nuestros! Pero cuando un corazón es tocado por el Espíritu, ya no juzga con maledicencia, sino que acepta y tolera con magnanimidad, piedad y beneficencia.

¿Me dejo tocar por el Señor al momento de juzgar algún acto?

2 Reyes 17:5–8,13–15a,18
Salmo 60:3,4–5,12–13
Mateo 7:1–5

Traten a los demás como quieren que ellos los traten a ustedes. En esto se resumen la ley y los profetas.
—MATEO 7:12

Jesús nos dice que es el trato al prójimo y los asuntos del corazón lo que resume su ley: Ponernos en la situación de aquél con quien nos encontramos, tratar de ver también con sus ojos y no solo con los nuestros, escuchar para poder aprender y no juzgar si no queremos ser juzgados. Amar como queremos ser amados.

Jesús, ¡concédeme un corazón humilde y compasivo!

2 Reyes 19:9b–11,14–21,31–35a,36
Salmo 48:2–3ab,3cd–4,10–11
Mateo 7:6,12–14

Todo árbol que no produce frutos buenos es cortado y arrojado al fuego. Así que por sus frutos los conocerán.
—MATEO 7:19–20

Jesús nos advierte que la gente reconocerá a los auténticos discípulos de Cristo por su fe y sus obras. La prueba máxima será su capacidad de amar, porque solo el amor es capaz de engendrar y dar a conocer lo que es bueno.

¿Cuáles han sido los frutos buenos que mi vida ha producido?

2 Reyes 22:8–13; 23:1–3
Salmo 119:33,34,35,36,37,40
Mateo 7:15–20

Jueves

28 DE JUNIO

• SAN IRENEO, OBISPO Y MÁRTIR •

Jesús dijo a sus discípulos: "No todo el que me diga: '¡Señor, Señor!', entrará en el Reino de los cielos, sino el que cumpla la voluntad de mi Padre, que está en los cielos".
—MATEO 7:21

Orar es pedir que la voluntad del Señor se haga mientras nos empeñamos en construir el Reino de Dios sobre las enseñanzas de Jesús. No se trata solo de rezar por rezar ni oír por oír, sino de que la oración nos lleve a movilizarnos. Hacer la voluntad del Señor requiere acción.

¿Cómo trato de integrar en mi vida de fe lo que digo con lo que hago?

2 Reyes 24:8–17
Salmo 79:1b–2,3–5,8,9
Mateo 7:21–29

[Jesús] les preguntó: "Y ustedes, ¿quién dicen que soy yo?" Simón Pedro
tomó la palabra y le dijo: "Tú eres el Mesías, el Hijo de Dios vivo".
—MATEO 16:15–16

Hoy celebramos a san Pedro y san Pablo, columnas de la Iglesia y testigos de Jesucristo. Simón Pedro es representado con el símbolo de las llaves que Jesús le promete para darle entrada al Reino de los cielos, y Pablo es conocido como el apóstol de los gentiles, cuya vida está en salida y en misión gracias al Evangelio.

Gracias, Señor, por el inmenso don que nos concedes en la Iglesia, por Pedro y sus sucesores, y por los pastores que nos han guiado.

VIGILIA:
Hechos de los Apóstoles 3:1–10
Salmo 19:2–3,4–5
Gálatas 1:11–20
Juan 21:15–19

DÍA:
Hechos de los Apóstoles 12:1–11
Salmo 34:2–3,4–5,6–7,8–9
2 Timoteo 4:6–8,17–18
Mateo 16:13–19

30 DE JUNIO

Mis ojos se consumen de tanto llorar
y el dolor me quema en las entrañas.
—LAMENTACIONES 2:11

Recemos por todas las regiones y por todas las personas que han sido azotadas por la corrupción, la pobreza, la injusticia y la violencia en el mundo y en nuestro entorno más cercano. Recemos hoy por todos los que lloran y sufren.

Señor, buscamos tu consuelo.

Lamentaciones 2:2,10–14,18–19
Salmo 74:1b–2,3–5,6–7,20–21
Mateo 8:5–17

*Dios no hizo la muerte,
ni se recrea en la destrucción de los vivientes.*
—SABIDURÍA 1:13

Hoy, Jesús sigue ofreciendo dignidad y vida verdadera a quienes se acercan a él con confianza. Su milagro en cada uno de nosotros es una invitación a extender su vida a otras personas y a otros ambientes.

Vuelve a leer el pasaje del Evangelio. ¿Con qué personaje te identificas? ¿Qué sentimientos te suscita?

Sabiduría 1:13–15; 2:23–24
Salmo 30:2,4,5–6,11,12,13 (2a)
2 Corintios 8:7,9,13–15
Marcos 5:21–43 o 5:21–24,35b–43

En ese momento se le acercó un escriba y le dijo: "Maestro, te seguiré a donde quiera que vayas".
—MATEO 8:19

El Evangelio acentúa que el escriba reconoce el valor y la autoridad de Jesús, y que pide ser su discípulo. Ser discípulo es participar del destino del Maestro e imitar su ejemplo.

¿Cómo vivo el seguir a Jesús?

Amós 2:6–10,13–16
Salmo 50:16bc–17,18–19,20–21,22–23
Mateo 8:18–22

Martes

3 DE JULIO

• SANTO TOMÁS, APÓSTOL •

"Si no veo en sus manos la señal de los clavos y si no meto mi dedo en los agujeros de los clavos y no meto mi mano en su costado, no creeré".
—JUAN 20:25B

Hoy en la festividad de santo Tomás, el Evangelio nos cuenta que durante una semana entera Tomás fue incrédulo ante lo que los demás apóstoles relataban. Lo más sorprendente no fue su terquedad, sino su transformación al ver las señales que pidió: ¡Señor mío y Dios mío!

¿Necesito señales para poder creer?

Efesios 2:19–22
Salmo 117:1bc,2
Juan 20:24–29

⇒ 213 ⇐

4 DE JULIO

Que fluya la justicia como el agua
y la bondad como un torrente inagotable.
—AMÓS 5:24

El Evangelio presenta el poder que Jesús tiene sobre el demonio y cómo el demonio está asociado con la muerte [cementerio], la impureza [cerdo] y el caos [mar]. Es ante la simple presencia de Jesús que el poder del mal se desmorona y desintegra. La llegada de su Reino es tan fuerte, que hace que su justicia y bondad fluyan como torrentes inagotables.

¿Dejo que el torrente inagotable de la bondad de Jesús fluya a través de mí?

Amós 5:14–15,21–24
Salmo 50:7,8–9,10–11,12–13,16bc–17
Mateo 8:28–34

5 DE JULIO

Jueves

• SANTA ISABEL DE PORTUGAL • SAN ANTONIO MARÍA ZACARÍAS, PRESBÍTERO •

[Jesús] dijo entonces al paralítico: "Levántate, toma tu camilla y vete a tu casa".
—MATEO 9:6B

Las curaciones de Jesús no se realizan en un lugar concreto, sino a lo largo del camino. Con su vida anuncia y hace presente la misericordia del Padre. Para Jesús, la enfermedad más grave es la apatía del alma que no se quiere abrir al amor del Padre.

Jesús, me acerco a ti como el paralítico, reconociendo que sin tu gracia estoy imposibilitado para realizar tu Reino. Rompe mi apatía y mi parálisis espiritual.

Amós 7:10–17
Salmo 19:8,9,10,11
Mateo 9:1–8

⇒ 215 ⇐

Vayan, pues, y aprendan lo que significa: Yo quiero misericordia y no sacrificios.
—MATEO 9:13

Mateo era un cobrador de impuestos y, ante los ojos de todo el pueblo, un pecador. Es el primer publicano que Jesús llama para que lo siga. En vez de ser excluido por la comunidad, Mateo se convierte en señal de salvación para todos y ejemplo de la misericordia de Dios. Mateo significa "don de Dios".

Señor, aléjame de todo lo que me impida cumplir tu voluntad.

Amós 8:4–6,9–12
Salmo 119:2,10,20,30,40,131
Mateo 9:9–13

"¿Cómo pueden llevar luto los amigos del esposo, mientras él está con ellos?".
—MATEO 9:15B

Las fiestas son motivo de alegría y por eso es raro ver a una persona triste en plena fiesta. El distintivo del cristiano es la alegría en Cristo, esa alegría que llega hasta lo más profundo de nuestro ser al saber que estamos para siempre invitados al Banquete del Señor.

Jesús, te pido el valor de ayunar de mí mismo, de manera que pueda llenarme más de tu alegría.

Domingo

8 DE JULIO

• XIV DOMINGO DEL TIEMPO ORDINARIO •

"Te basta mi gracia, porque mi poder se manifiesta en la debilidad".
—2 CORINTIOS 12:9

Jesús sabe muy bien que nadie es profeta en su patria debido a las ideas preconcebidas que impiden aceptar la fe. Incluso dentro de su propia comunidad, no quieren aceptar la fe. Igualmente, Pablo sale a la comunidad de los corintios para darles a conocer que con solo la gracia de Dios es más que suficiente ante las incredulidades y persecuciones que afronta.

¿Ha cambiado mi relación con algún familiar o amigo por seguir a Cristo?

Ezequiel 2:2–5
Salmo 123:1–2,2,3–4 (2cd)
2 Corintios 12:7–10
Marcos 6:1–6a

Lunes

9 DE JULIO

• SAN AGUSTÍN ZHAO RONG, PRESBÍTERO, Y COMPAÑEROS, MÁRTIRES •

Esto dice el Señor:
"Yo conduciré a Israel, mi esposa infiel, al desierto
y le hablaré al corazón".
—OSEAS 2:16

El Señor, Dios de Israel, prometió hablarle a su esposa en la intimidad de su ser y al corazón para que rompiera su dureza y se convirtiera. Así se acerca Dios a nosotros: no con grandes despliegues de fuerza, ni ante otros, sino en la solitud de nuestro espíritu y desde nuestro corazón.

Jesús, toca el desierto de mi vida y transfórmame.

Oseas 2:16,17b–18,21–22
Salmo 145:2–3,4–5,6–7,8–9
Mateo 9:18–26

Jesús expulsó al demonio y el mudo habló.
—MATEO 9:32

Cuando el demonio es expulsado de nuestra vida, el alma aspira trabajar y hablar de todas las cosas buenas que vienen de Dios. El demonio del orgullo o de la soberbia nos pueden hacer flojos para trabajar en la viña del Señor, pero la compasión de Jesucristo puede traernos el perdón y el consuelo que nuestra vida necesita para levantarnos de la acedia espiritual.

¿Procuro mostrar la misma compasión de Jesús hacia los demás?

Oseas 8:4–7,11–13
Salmo 115:3–4,5–6,7ab–8,9–10
Mateo 9:32–38

Miércoles

11 DE JULIO

• SAN BENITO, ABAD •

Siembren justicia y cosecharán misericordia.
—OSEAS 10:12

Es Cristo quien sale a nuestro encuentro y nos invita y llama por nuestro nombre. ¿A qué nos invita? A llevar a Cristo y su amor a cada persona, en especial a los más pobres y marginados, así como lo hicieron los apóstoles. Nos invita a sembrar la justicia de Dios para que los futuros discípulos reciban su misericordia.

¿Qué puedo hacer hoy para sembrar justicia? ¿Conozco por su nombre a mis vecinos o a las personas de mi parroquia?

Oseas 10:1–3,7–8,12
Salmo 105:2–3,4–5,6–7
Mateo 10:1–7

Jueves

12 DE JULIO

Gratuitamente han recibido este poder; ejérzanlo, pues, gratuitamente.
—MATEO 10:8B

Gratuitamente hemos recibido la fe y ahora está en nosotros mismos creer, confiar y amar para llevar a plenitud nuestra vocación cristiana y compartirla con los demás. Es una misión difícil, pero con la gracia de Jesucristo podemos lograrlo.

Señor, pongo en ti todos mis esfuerzos. Ayúdame a ser mejor que en el día de ayer.

Oseas 11:1–4,8e–9
Salmo 80:2ac y 3b,15–16
Mateo 10:7–15

13 DE JULIO

• SAN ENRIQUE •

No serán ustedes los que hablen, sino el Espíritu de su Padre el que
hablará por ustedes.
—MATEO 10:20

Qué alivio es saber que en las dificultades inesperadas hay un amigo o una amiga de confianza que nos puede ayudar a salir del problema.

Jesús sabe que sus seguidores tendrán retos y se toparán con problemas muy grandes debido a su causa. Por eso les promete que el Espíritu será ese amigo que hablará por ellos durante esas dificultades inesperadas.

Medita y toma el tiempo necesario para analizar los momentos de tu vida en los que el Espíritu de Dios te inspiró a resolver tus problemas. ¿Cuáles fueron esos problemas?

Oseas 14:2–10
Salmo 51:3–4,8–9,12–13,14 y 17
Mateo 10:16–23

"Aquí estoy, Señor, envíame".
—ISAÍAS 6:8

Sería vergonzoso llegar a una fiesta o a una reunión a la que no se nos ha invitado. Pero en el Reino de Dios, es diferente. La invitación se ha hecho desde el momento en que fuimos bautizados, y ahora se nos pide que trabajemos para anunciar la Buena Nueva y extender la invitación a otros. En las tristezas y alegrías de la vida, el Señor nos pide que vayamos a anunciar su amor.

¿Cómo puedo anunciar el amor de Dios a los demás?

Isaías 6:1–8
Salmo 93:1ab,1cd–2,5
Mateo 10:24–33

Él nos eligió en Cristo, antes de crear el mundo,
para que fuéramos santos.
—Efesios 1:4

La carta a los Efesios corrobora lo que Jesús hizo con sus apóstoles. Él tomó la iniciativa y los llamó para predicar la Buena Nueva y así santificar todo en su nombre. Ahora, el llamado lo hace a cada uno de nosotros para que lo sigamos simplemente por amor.

¿Participo en la misión como discípulo o discípula de Jesús?

Amós 7:12–15
Salmo 85:9–10,11–12,13–14 (8)
Efesios 1:3–14 o 1:3–10
Marcos 6:7–13

Lunes

16 DE JULIO

• NUESTRA SEÑORA DEL MONTE CARMELO •

Lávense y purifíquense;
aparten de mí sus malas acciones.
—ISAÍAS 1:16

Para no apartarse del camino del Señor, hay que fijar la mirada en Jesús. Su invitación exige elegir el bien y la verdad, así como renunciar a los intereses propios. Solo él nos trae paz y reconciliación, porque su criterio es claro. El Señor es el único camino que nos conduce a la auténtica felicidad.

Señor, lléname de tu gracia y concédeme la luz para no dejarme llevar por malas intenciones.

Isaías 1:10–17
Salmo 50:8–9,16bc–17,21 y 23
Mateo 10:34—11:1

Martes

17 DE JULIO

Y si ustedes no creen en mí,
también irán a la ruina.
—ISAÍAS 7:9

El único deseo de Dios es salvar a la humanidad, pero el hombre muchas veces quiere dictar las reglas de la salvación. Es la obstinación y la intransigencia a las que Jesús tiene que enfrentarse con su misma gente. Pero su amor es más grande que nuestro pecado y viene a tocar la puerta de nuestro corazón.

¡Gracias, Dios, por tu inconmensurable amor!

Isaías 7:1–9
Salmo 48:2–3a,3b–4,5–6,7–8
Mateo 11:20–24

Nadie conoce al Hijo sino el Padre, y nadie conoce al Padre sino el Hijo.
—MATEO 11:27

Un niño de ocho años abordó un avión rumbo a Ciudad de México. Se subió al avión con boleto en mano, buscó su asiento y se sentó al lado de una señora. El niño sonrió, sacó sus juguetes y se puso a jugar. El avión despegó y el niño continuó jugando tranquilamente. Durante el vuelo hubo tormentas y mucha turbulencia. En una sacudida muy fuerte, los pasajeros gritaron de espanto, pero el niño siempre mantuvo la calma. La señora, asombrada ante la serenidad del niño, le preguntó: "¿No tienes miedo?". A lo que el niño contestó sonriendo: "No, señora, porque mi papá es el piloto".

Señor, en los momentos de turbulencia, concédenos la serenidad del niño para confiar en que tú eres quien lleva el timón de nuestra vida y guías nuestros pasos.

Isaías 10:5–7,13b–16
Salmo 94:5–6,7–8,9–10,14–15
Mateo 11:25–27

Jueves
19 DE JULIO

Tomen mi yugo sobre ustedes y aprendan de mí, que soy manso y
humilde de corazón.
—MATEO 11:29

La vida, en medio de los momentos gratos, tiene una serie de afanes y responsabilidades que a veces se vuelven una carga. Hoy, Jesús se ofrece a aligerar nuestra carga ante los golpes y sinsabores de la vida. A la vez, nos adiestra a que hagamos lo mismo por los demás: llevar consuelo a nuestro prójimo con una actitud humilde.

Dios Padre, ven a mi auxilio e instrúyeme a someterme siempre a tu voluntad.

Isaías 26:7–9,12,16–19
Salmo 102:13–14ab y 15,16–18,19–21
Mateo 11:28–30

Viernes

20 DE JULIO

• SAN APOLINAR, OBISPO Y MÁRTIR •

He escuchado tu oración y he visto tus lágrimas.
—ISAÍAS 38:5

El mundo está plagado de conflictos que los mandatarios a veces quieren solucionar como si estuvieran siguiendo un manual de reglas. Al hacerlo, se olvidan de la ley suprema que Jesús nos enseñó: el amor. Se olvidan que hay rostros detrás del conflicto y no alcanzan a percibir el dolor del hermano.

Roguemos al Señor por un mundo en el que todos percibamos el dolor de nuestro prójimo con una actitud noble y misericordiosa.

Isaías 38:1–6,21–22,7–8
Isaías 38:10,11,12abcd,16
Mateo 12:1–8

• SAN LORENZO DE BRINDISI, PRESBÍTERO Y DOCTOR DE LA IGLESIA •

Miren a mi siervo. . .
a mi elegido, en quien tengo mis complacencias.
—MATEO 12:18

Jesús recorre toda Galilea cumpliendo la misión para la que fue enviado con la fuerza y el impulso del Espíritu Santo. La Iglesia ha suscitado nuevos evangelizadores capaces de llevar el Evangelio a todas las naciones y los rincones del mundo, no para buscar el poder o la fama, sino con la vocación de servicio que Cristo nos enseñó.

¿Soy consciente de que yo también soy siervo del Señor?

Miqueas 2:1–5
Salmo 10:1–2,3–4,7–8,14
Mateo 12:14–21

22 DE JULIO

• XVI DOMINGO DEL TIEMPO ORDINARIO •

Andaban como ovejas sin pastor, y se puso a enseñarles muchas cosas.
—MARCOS 6:34

La compasión impulsa a Jesús a enviar a sus apóstoles a la misión. El evangelista Marcos nos presenta la relación con Jesús, no como una de profesor-alumno, sino de maestro-discípulo. El discípulo aprende porque convive con el maestro y, gracias a su delicadeza, lo hace con calma.

Señor Jesús, moldéame a tu imagen de bondad, generosidad y ternura, y envíame a la misión.

Jeremías 23:1–6
Salmo 23:1–3,3–4,5,6 (1)
Efesios 2:13–18
Marcos 6:30–34

"Maestro, queremos verte hacer una señal prodigiosa".
—MATEO 12:38

Los doctores de la ley piden a Jesús que haga una señal que les permita creer en él, pero Jesús se rehúsa a caer en la trampa porque sabe que Dios se hace presente en las pequeñas cosas y no en los espectáculos que dan gusto a los sentidos.

¿Reconozco los milagros sutiles que Dios obra en mi vida?

Miqueas 6:1–4,6–8
Salmo 50:5–6,8–9,16bc–17,21 y 23
Mateo 12:38–42

Todo el que cumple la voluntad de mi Padre. . . ése es mi hermano, mi hermana y mi madre.
—MATEO 12:50

Hay que confiar en la divina Providencia y pedirle que nos ayude a hacer la voluntad del Padre y asemejarnos más a Cristo en la forma como él nos ha amado. Porque es así como nos convertimos en la verdadera familia de Cristo.

¿Qué puedo hacer hoy para asemejarme más a Cristo?

Llevamos siempre y por todas partes la muerte de Jesús en nuestro cuerpo.
—2 CORINTIOS 4:10

Todos los bautizados somos llamados por Jesucristo para estar con él. Este llamado es una vocación que nos da la identidad de ser hijos de Dios y discípulos de Cristo para que convivamos y aprendamos de él.

San Santiago apóstol fue uno de los primeros en recibir el llamado de Jesucristo cuando pescaba en el lago de Genesaret. Más tarde sería llamado a formar parte del más restringido grupo de los doce y, durante el reinado de Herodes, Agripa I fue condenado a muerte y decapitado por orden del rey, dando testimonio de la Resurrección de Cristo.

¿Cuánto tiempo dedico al día a estar con el Señor?

2 Corintios 4:7–15
Salmo 126:1bc–2ab,2cd–3,4–5,6
Mateo 20:20–28

26 DE JULIO

• SAN JOAQUÍN Y SANTA ANA, PADRES DE LA VIRGEN MARÍA •

Dichosos ustedes, porque sus ojos ven y sus oídos oyen.
—MATEO 13:16

Cuando una persona endurece su alma, no es capaz de acoger el mensaje de amor que Jesucristo ofrece. Dios es un Dios personal que quiere tomarnos de la mano y llevarnos por el camino recto. Cuando mostramos docilidad y sencillez de corazón, podemos ver su rostro y escucharle.

¿Puedo percibir cómo Dios me toma de la mano?

Jeremías 2:1–3,7–8,12–13
Salmo 36:6–7ab,8–9,10–11
Mateo 13:10–17

Viernes
27 DE JULIO

_Les daré pastores según mi corazón, que los apacienten con
sabiduría y prudencia._
—JEREMÍAS 3:15

La palabra de Dios es un regalo lleno de amor que se nos ofrece
libremente. Igualmente, este regalo debe ser recibido con el
mismo amor con el que fue entregado para que eche raíces
en la persona. Cuando comenzamos a vivir con los ojos de la
fe, entonces sabemos reconocer los pastores que Dios nos da
según su corazón.

¿Soy dócil para recibir la palabra de Dios en mi corazón?

Jeremías 3:14–17
Jeremías 31:10,11–12abcd,13
Mateo 13:18–23

Sábado
28 DE JULIO

Dejen que crezcan juntos hasta el tiempo de la cosecha.
—MATEO 13:30

Jesús utiliza una parábola para referirse a nuestro mundo: esa tierra fértil donde tanto el trigo como la cizaña crecen tan cerca que es peligroso arrancar una sin hacerle daño a la otra. Sin embargo, hay un sembrador que está vigilante y apartará las malas hierbas que puedan crecer en nuestra persona si confiamos en él.

Señor Dios, vence la malicia que pueda anidarse en los corazones humanos y reemplázala con tu amor.

Jeremías 7:1–11
Salmo 84:3,4,5–6a y 8a,11
Mateo 13:24–30

Domingo
29 DE JULIO

• XVII DOMINGO DEL TIEMPO ORDINARIO •

"Aquí hay un muchacho que trae cinco panes de cebada y dos pescados".
—JUAN 6:9

El milagro de la multiplicación de los panes es un acontecimiento que requiere la cooperación de los discípulos ante el dilema de un muchacho que solo tiene cinco panes y dos peces. El milagro se hace posible porque los discípulos conocen, aman y tienen plena fe en el Señor Jesús. Los panes y los peces son una simbología ya sea de nuestros propios logros o de nuestras propias deficiencias.

¿Cuáles son los cinco panes y dos peces que puedo presentar hoy ante el Señor?

2 Reyes 4:42–44
Salmo 145:10–11,15–16,17–18
Efesios 4:1–6
Juan 6:1–15

Abriré mi boca y les hablaré con parábolas.
—MATEO 13:35

El Reino de Dios es un don del Señor incomprensible para nuestro intelecto, por lo que Jesús nos habla a través de parábolas, tratando de hacernos entender su grandeza. Jesús nos hace percibir que lo extraordinario de Dios se esconde en las cosas ordinarias y comunes de la vida diaria.

¿Siento la presencia de Dios en las cosas ordinarias de mi vida?

Jeremías 13:1–11
Deuteronomio 32:18–19,20,21
Mateo 13:31–35

31 DE JULIO

• SAN IGNACIO DE LOYOLA, PRESBÍTERO •

Tú solo, Señor y Dios nuestro. . .
en ti tenemos puesta nuestra esperanza.
—JEREMÍAS 14:22

Hoy, la Compañía de Jesús, conocida como los jesuitas, así como todos aquellos que viven la espiritualidad ignaciana, celebran la fecha de su fundador, San Ignacio de Loyola. San Ignacio permitió que Jesús siempre saliera adelante en el camino, lo que le ayudó a descubrir la virtud de la humildad.

Pedimos por todos aquellos misioneros que, como san Ignacio, permiten que Jesús salga adelante en sus caminos.

San Ignacio, ruega por nosotros.

Jeremías 14:17–22
Salmo 79:8,9,11 y 13
Mateo 13:36–43

1 DE AGOSTO

Siempre que oí tus palabras, Señor,
las acepté con gusto.
—JEREMÍAS 15:16

Dios nos ha colmado con todo tipo de bendiciones e inmensos tesoros. La clave está en saber dónde encontrar estos tesoros que muy a menudo pasan inadvertidos. Y es en el momento de la búsqueda donde brota el don de la gratitud.

¿Quiénes son los tesoros que Dios te ha confiado en la vida?

Jeremías 15:10,16–21
Salmo 59:2–3,4,10–11,17,18
Mateo 13:44–46

2 DE AGOSTO

• SAN EUSEBIO DE VERCELLI, OBISPO • SAN PEDRO JULIÁN EYMARD, PRESBÍTERO •

Los pescadores. . . se sientan a escoger los pescados; ponen los buenos en canastos y tiran los malos.
—MATEO 13:47–48

El Señor pide que sus discípulos aprendan a discernir, porque quien descubre el Reino se llena de felicidad. Pero a la vez, Jesús reconoce que debemos despojarnos de todo lo que nos mantiene anclados a aquellas cosas ajenas al reino de Dios; de todos aquellas cosas que nos apartan de él.

¿Está mi esperanza anclada en Dios?

Jeremías 18:1–6
Salmo 146:1b–2,3–4,5–6ab
Mateo 13:47–53

3 DE AGOSTO

Jesús les dijo: "Un profeta no es despreciado más que en su patria y en su casa".
—MATEO 13:57

Después de un tiempo de estar fuera de su tierra, Jesús vuelve para enseñar, pero el pueblo no le cree. De hecho, los conocidos lo quieren menospreciar al decirle: "¿No es este el hijo del carpintero?". Con esta actitud displicente, se cierran al designio de Dios. La tentación de la arrogancia puede crecer si no se controla y doblega.

Señor, que nunca haga oídos sordos a tu Palabra. Acrecienta mi fe en ti.

Jeremías 26:1–9
Salmo 69:5,8–10,14
Mateo 13:54–58

4 DE AGOSTO

• SAN JUAN MARÍA VIANNEY, PRESBÍTERO •

El Señor me ha enviado a ustedes para anunciarles todas estas cosas.
—JEREMÍAS 26:15B

Jeremías y todos los profetas de Israel fueron perseguidos por proclamar la verdad del mensaje de Dios, lo que exigía una conversión y asemejarse al Reino de Dios. Aun así, Jeremías, al igual que Juan el Bautista, afrontó las injusticias con valentía para dar testimonio de la verdad de Dios.

¿Qué hago para afrontar las injusticias?

Jeremías 26:11–16,24
Salmo 69:15–16,30–31,33–34
Mateo 14:1–12

Fueron a Cafarnaúm para buscar a Jesús.
—JUAN 6:24

No busquemos a Dios solo por algún interés o necesidad; busquémoslo en el amor, como él nos ha amado. Solo Jesús tiene el poder de saciar los anhelos más profundos del ser humano si tenemos fe en el Señor. Una fe auténtica y sincera nos podrá acercar al misterio de la Eucaristía.

¿Busco a Dios desinteresadamente?

Éxodo 16:2–4,12–15
Salmo 78:3–4,23–24,25,54 (24b)
Efesios 4:17,20–24
Juan 6:24–35

6 DE AGOSTO

• LA TRANSFIGURACIÓN DEL SEÑOR •

Su vestido era blanco como la nieve,
y sus cabellos, blancos como lana.
—DANIEL 7:9

Buscamos milagros grandiosos, aquellos que asombran y dejan mudos a muchos. Y no nos damos cuenta de que Dios se da a conocer a aquellos que lo siguen fielmente día a día en el camino del discipulado. Juntos, como Pedro, Santiago y Juan, podemos decir: "Qué bien se está aquí, Señor".

Señor, haz que tu transfiguración resplandezca en mi ser como espejo de tu promesa.

Daniel 7:9–10,13–14
Salmo 97:1–2,5–6,9
2 Pedro 1:16–19
Marcos 9:2–10

Martes

7 DE AGOSTO

• SIXTO II, PAPA Y MÁRTIR Y COMPAÑEROS MÁRTIRES • SAN CAYETANO,
PRESBÍTERO •

Señor, si eres tú, mándame ir a ti caminando sobre el agua.
—MATEO 14:28

Cuando apartamos la mirada de Jesús y dejamos que las cosas mundanas nos roben la paz, nos empezamos a hundir en un mar de calamidades. Pese a esto, si mantenemos la fe puesta en el Señor, lograremos la victoria, ya que aprenderemos a caminar hacia Cristo Resucitado sin importar las tormentas y las olas que tengamos que cruzar.

¿Cuáles son las tormentas de mi vida? ¿De qué modo Dios me ayuda a superarlas?

Jeremías 30:1–2,12–15,18–22
Salmo 102:16–18,19–21,29 y 22–23
Mateo 14:22–36 o 15:1–2,10–14

Yo te amo con amor eterno,
por eso siempre me apiado de ti.
—JEREMÍAS 31:3

Así es como el profeta Jeremías nos presenta un retrato del corazón de Dios, como fuente de amor y misericordia eternos. Jesucristo, la Palabra de Dios hecha carne, comparte ese amor y esa piedad infinitos. Su corazón se compadece del sufrimiento humano, tal y como lo demuestra su respuesta a la súplica que, en el Evangelio de hoy, la madre le hace con fe por el bien de su hija.

¿Cuáles son las súplicas que con fe haces al Señor?

Jeremías 31:1–7
Jeremías 31:10,11–12ab,13
Mateo 15:21–28

Jueves

9 DE AGOSTO

• SANTA TERESA BENEDICTA DE LA CRUZ, VIRGEN Y MÁRTIR •

Tú eres el Mesías, el Hijo de Dios vivo.
—MATEO 16:16B

¿Cómo se conoce a Cristo? No es solo a través de la lectura, sino que es un don dado por el Padre. Solo el Padre lo puede conceder y dar a conocer a través del camino de la fe. Eso sucedió con Pedro de manera paulatina, ya que su vida se iba conformando poco a poco con el Señor.

¿Quién es Cristo para mí?

Jeremías 31:31–34
Salmo 51:12–13,14–15,18–19
Mateo 16:13–23

Pues Dios ama al que da con la alegría.
—2 CORINTIOS 9:7B

Dios nos ha dado la capacidad de amar y de hacer crecer la semilla del amor de Dios a nuestro alrededor. Para esto se necesita tener una actitud de completa confianza y entrega total al Señor. El terreno yermo del egoísmo germinará con la alegría. Solo esa alegría en Cristo puede producir fruto.

Señor, concédeme el don de dar con alegría.

2 Corintios 9:6–10
Salmo 112:1–2,5–6,7–8,9
Juan 12:24–26

Si ustedes tuvieran fe. . . nada sería imposible para ustedes.
—MATEO 17:20

¿Qué padre de familia no se pondría de rodillas ante la desesperación de ver a su hijo sufrir? Jesús, conociendo el amor que brotaba del corazón de ese hombre, curó al hijo. La fe se traduce en obras, pero no en cualquier obra, sino en obras de amor. En la medida en que tengamos fe, así será el amor que le tendremos a Dios y al prójimo.

¿Qué obra de amor puedo hacer hoy?

Habacuc 1:12—2:4
Salmo 9:8–9,10–11,12–13
Mateo 17:14–20

Nadie puede venir a mí, si no lo atrae el Padre, que me ha enviado: y a ése
yo lo resucitaré el último día.
—JUAN 6:44

Jesús es muy claro en su mensaje hacia los judíos al decir que su relación con su Padre no se puede separar. La Buena Nueva de Jesús es la Buena Nueva de Dios Padre y viceversa. Para eso ha sido enviado: para que Dios revele su amor a toda su creación en su hijo Jesucristo y esta se sienta libremente atraída por la belleza del mensaje.

¿Qué es lo bello del mensaje de Jesús que me atrae hacia Dios?

1 Reyes 19:4–8
Salmo 34:2–3,4–5,6–7,8–9 (9a)
Efesios 4:30—5:2
Juan 6:41–51

13 DE AGOSTO

• SAN PONCIANO, PAPA, Y SAN HIPÓLITO, PRESBÍTERO, MÁRTIRES •

El Hijo del hombre va a ser entregado en manos de los hombres; lo van a matar, pero al tercer día va a resucitar.
—MATEO 17:22B–23

¿Cuántos sueños o proyectos personales dejamos inconclusos? Hoy Jesús nos invita a poner nuestro empeño para no dejar las cosas a medias. Él entrega su vida por entero, no a medias, y lo hace por amor. Jesús marca el camino que todos sus discípulos debemos seguir, no a medias, sino hasta llegar a la meta.

Señor, ayúdame a llegar a la meta de servir y amar a los demás.

Ezequiel 1:2–5,24–28c
Salmo 148:1–2,11–12,13,14
Mateo 17:22–27

14 DE AGOSTO

• SAN MAXIMILIANO MARÍA KOLBE, PRESBÍTERO Y MÁRTIR •

El Padre celestial no quiere que se pierda ni uno solo de estos pequeños.
—MATEO 18:14

Cuando se es niño, se aprende algo nuevo cada día sin temor a cometer errores ni a caer y levantarse. Cuando se es niño, todo parece inmenso y el mundo está lleno de maravillosas sorpresas. Cuando se es niño, es fácil perderse, pero a la vez se goza del espíritu aventurero para abrir puertas que puedan conducir a Dios.

María, madre nuestra, enséñanos a ser como tu hijo Jesús para que aprendamos a vivir siempre bajo el cuidado de nuestro Padre.

Ezequiel 2:8—3:4
Salmo 119:14,24,72,103,111,131
Mateo 18:1–5,10,12–14

15 DE AGOSTO

• LA ASUNCIÓN DE LA SANTÍSIMA VIRGEN MARÍA •

Mi alma glorifica al Señor.
—LUCAS 1:46

María, a través de su fe y obediencia hacia el Señor, fue elegida por él como mujer predilecta, haciendo presente el misterio de la Encarnación en su vida. Ella es nuestro modelo. Acoger verdaderamente a Cristo en nuestra vida nos lleva a proclamar de palabra y obra la grandeza de Dios; grandeza que estamos invitados a contemplar en su plenitud cuando seamos recibidos por él en el cielo.

Pide al Señor ayuda para que su palabra sea vida en tu persona, como lo hizo con María.

MISA VESPERTINA DE LA VIGILIA:
1 Crónicas 15:3–4,15–16; 16:1–2
Salmo 132:6–7,9–10,13–14
1 Corintios 15:54b–57
Lucas 11:27–28

MISA DEL DIA:
Apocalipsis 11:19a; 12:1–6a,10ab
Salmo 45:10,11,12,16
1 Corintios 15:20–27
Lucas 1:39–56

Jueves

16 DE AGOSTO

• SAN ESTEBAN DE HUNGRÍA •

Lo mismo hará mi Padre celestial con ustedes si cada cual no perdona de corazón a su hermano.
—MATEO 18:35

Dios nos demuestra su amor incondicional perdonando nuestros pecados y fallas. Su amor es tan grande, que intelectualmente no logramos concebir tal amor, pero el Señor necesita a cada uno de nosotros para que seamos instrumentos de su amor. Quiere que seamos emisarios de su perdón.

¿Sé perdonar de corazón?

Ezequiel 12:1–12
Salmo 78:56–57,58–59,61–62
Mateo 18:21—19:1

Por la dureza de su corazón, Moisés les permitió divorciarse de sus esposas;
pero al principio no fue así.
—MATEO 19:8

El matrimonio es una unión sagrada y querida por Dios que conduce a la santificación de las almas. El hombre y la mujer comparten sus vidas para alcanzar juntos la felicidad en esta vida, lo que requiere de una sobredosis de comprensión, respeto y ternura.

Tú eres el Dios que busca lo mejor para mi familia. A ti elevo mi súplica y pido que habites en nosotros.

Ezequiel 16:1–15,60,63
Isaías 12:2–3,4bcd,5–6
Mateo 19:3–12

Estrenen un corazón nuevo y un espíritu nuevo y así no morirán.
—EZEQUIEL 18:31

Para algunas personas, las historias, la algarabía y el entusiasmo de los niños pueden parecer insignificantes, pero para Jesús las palabras puras y cristalinas de un niño pasan a primer plano. Es la sinceridad, ingenuidad, inocencia y sencillez de un niño lo que más se asemeja al Reino de los cielos.

Señor, enséñame a ser dócil como los niños para no dudar de las cosas que dispongas en mi camino.

Ezequiel 18:1–10,13b,30–32
Salmo 51:12–13,14–15,18–19
Mateo 19:13–15

El que come mi carne y bebe mi sangre, tiene vida eterna y yo lo resucitaré el último día.
—JUAN 6:54

Algunos de los seguidores de Jesús no dan crédito a sus palabras. Piensan que ha perdido la cordura e incluso, que blasfema contra el Dios de Israel. No obstante, Jesús es muy claro en su enseñanza y les dice que solo su Cuerpo y su Sangre pueden ofrecer la vida eterna, porque solo él ha sido enviado por el Padre para que todo aquel que crea en él se salve.

Señor mío, remueve toda incredulidad de mí y aumenta mi fe.

Proverbios 9:1–6
Salmo 34:2–3,4–5,6–7 (9a)
Efesios 5:15–20
Juan 6:51–58

Si quieres ser perfecto, ve a vender todo lo que tienes. . . luego ven y sígueme.
—MATEO 19:21

El Evangelio nos cuenta que el joven rico cumplía con los mandamientos, pero que le fue difícil concretar ese amor al no seguir a Cristo. El discípulo de Cristo aprende a despojarse de aquello que lo aleja de Dios y a poner en práctica el amor del Señor.

¿Qué más puedo hacer por el Señor?

Ezequiel 24:15–24
Deuteronomio 32:18–19,20,21
Mateo 19:16–22

• SAN PIO X, PAPA •

Y muchos primeros serán últimos y muchos últimos, primeros.
—MATEO 19:30

Seguir a Jesucristo no es dominar ni controlar, sino servir. Seguir a Jesucristo es abandonar todo ídolo falso como el orgullo, la vanidad y las cosas materiales que nos impiden seguir a Jesús. Y así como Pedro podremos decir: "Lo hemos dejado todo y te hemos seguido".

¿Cómo siento que Dios me libera de mis apegos terrenales?

Ezequiel 28:1–10
Deuteronomio
32:26–27ab,27cd–28,30,35cd–36ab
Mateo 19:23–30

Miércoles

22 DE AGOSTO

• NUESTRA SEÑORA MARÍA REINA •

Yo mismo buscaré a mis ovejas y las cuidaré.
—EZEQUIEL 34:11

En la viña del Señor no existe el desempleo porque hay mucho por hacer. La clave está en no preocuparnos por multiplicar el trabajo, sino en estar atentos y pendientes de este momento en que nos encontraremos con Dios. Por eso el profeta Ezequiel dice que Dios buscará y cuidará a sus ovejas.

¿Con qué moneda pago al Señor? ¿Ofrezco al Señor las primicias de mi trabajo?

Ezequiel 34:1–11
Salmo 23:1–3a,3b–4,5,6
Mateo 20:1–16

23 DE AGOSTO

• SANTA ROSA DE LIMA, VIRGEN •

Ustedes serán mi pueblo y yo seré su Dios.
—EZEQUIEL 36:28

El profeta Ezequiel le presenta al pueblo de Israel lo que Dios
quiere para él. Dios quiere ser padre y darle un corazón nuevo
a sus hijos para que así se aparten de las malas conductas y de
la idolatría y para que reconozcan que ellos son el pueblo de
Dios. Esta invitación la vuelve a hacer a cada uno de nosotros
en el día de hoy.

¿Qué actitudes me alejan de Dios?

Ezequiel 36:23–28
Salmo 51:12–13,14–15,18–19
Mateo 22:1–14

24 DE AGOSTO

• SAN BARTOLOMÉ, APÓSTOL •

Maestro, tú eres el Hijo de Dios, tú eres el rey de Israel.
—JUAN 1:49

San Bartolomé, también conocido como Natanael, quedó sorprendido porque no podía entender que de Nazaret saliera algo bueno. Al igual que Bartolomé, muchos juzgamos a nuestro prójimo sin conocerlo debido a nuestros prejuicios. Debemos guiarnos por el Espíritu de Dios para que forme nuestra conciencia rectamente y podamos actuar según la verdad.

Señor, libérame de cualquier prejuicio que me impida reconocer tu belleza en el prójimo.

Apocalipsis 21:9b–14
Salmo 145:10–11,12–13,17–18
Juan 1:45–51

No se dejen llamar "guías", porque el guía de ustedes es solamente Cristo.
—MATEO 23:8

Una cosa es hablar o decir, y otra cosa es hacer. Por eso el mensaje de Jesús nos insta a que no caigamos en la tentación de la hipocresía, como los escribas y los fariseos. Más bien, debemos tratar de imitar la vida coherente y auténtica de Jesús, nuestro único Maestro.

¡Auxíliame, Señor! Permite que alce mi mirada hacia ti y que aparte mi atención de las cosas banales.

Ezequiel 43:1–7ab
Salmo 85:9ab y 10,11–12,13–14
Mateo 23:1–12

Domingo

26 DE AGOSTO

· XXI DOMINGO DEL TIEMPO ORDINARIO ·

Tú tienes palabras de vida eterna; y nosotros creemos y sabemos que tú eres
el Santo de Dios.
—JUAN 6:69

Durante la misa, es Jesús mismo quien se entrega por completo a cada uno de nosotros. Pero nuestros ojos no siempre alcanzan a percibir la auténtica felicidad que él nos da en su Cuerpo y Sangre. Es en la Eucaristía —la que también vivieron los apóstoles— donde podemos tener un encuentro íntimo con Jesucristo y renovar nuestra vida cristiana.

¡Abre mis oídos del corazón! ¡Solo tú tienes palabras de vida eterna!

Josué 24:1–2a,15–17,18b
Salmo 34:2–3,16–17,18–19,20–21 (9a)
Efesios 5:21–32 o 5:2a,25–32
Juan 6:60–69

⪥ 267 ⪤

Oramos siempre por ustedes, para que Dios los haga dignos de la vocación a la que los ha llamado.
—2 TESALONICENSES 2:11

Los principios y valores son los que hacen que una persona sea íntegra y coherente. Jesús nos enseña a tener la actitud correcta y los ojos misericordiosos que él tiene hacia los demás. De ese modo evitaremos caer en la tentación de manipular los caminos de Dios a nuestro parecer.

¿Permito que Dios me guíe al tomar decisiones? ¿Hay algún valor cristiano que no ejercito en mi vida?

2 Tesalonicenses 1:1–5,11–12
Salmo 96:1–2a,2b–3,4–5
Mateo 23:13–22

28 DE AGOSTO

• SAN AGUSTÍN, OBISPO Y DOCTOR DE LA IGLESIA •

Hermanos, manténgase firmes y conserven la doctrina que les hemos enseñado de viva voz o por carta.
—2 TESALONICENSES 2:1–2

La Iglesia celebra la vida de san Agustín, célebre obispo y Doctor de la Iglesia, que durante su niñez viviera como pagano. Ante las oraciones de Mónica, su madre, san Agustín se convirtió al cristianismo y se mantuvo firme en la doctrina que había recibido.

¿Cómo fue mi formación en la fe de la Iglesia? ¿Cómo trato de ser firme en mi fe?

2 Tesalonicenses 2:1–3a,14–17
Salmo 96:10,11–12,13
Mateo 23:23–26

Miércoles

29 DE AGOSTO

No te está permitido tener por mujer a la esposa de tu hermano.
—MARCOS 6:17

Juan Bautista ha sido apresado por Herodes Antipas al escuchar que este le reclamaba la violación a la ley moral y a la de Dios al tomar la mujer de su hermano. Juan, sin ningún poder, prefiere ser fiel a Dios, mientras que Antipas se deja seducir y prefiere cometer un pecado más grande que perder su reputación.

¿Mantengo mis valores cristianos como Juan? ¿O me preocupa más mi reputación?

2 Tesalonicenses 3:6–10,16–18
Salmo 128:1–2,4–5
Marcos 6:17–29

30 DE AGOSTO

Jueves

*Dios es quien los ha llamado a la unión con su Hijo Jesucristo,
y Dios es fiel.*
—1 CORINTIOS 1:9

Dios es fiel a su palabra y nos pide que estemos alerta y haciendo los preparativos necesarios en nuestra vida. Nos pide que nuestros actos sean ocasiones de alegría y no de miedo, para que estemos listos para el encuentro definitivo con Dios.

¿Me estoy preparando para el encuentro definitivo con Dios?

1 Corintios 1:1–9
Salmo 145:2–3,4–5,6–7
Mateo 24:42–51

En efecto, la predicación de la cruz es una locura para los que van por el camino de la perdición; en cambio, para los que van por el camino de la salvación, para nosotros, es fuerza de Dios.
—1 CORINTIOS 1:18

El cristiano conoce solo un camino a la salvación, que es la cruz. En la cruz, nuestro Señor Jesucristo murió para darnos la salvación, y por eso se ha convertido en la señal del cristiano. Cristo ha transformado este instrumento de tortura en un instrumento de amor. Por tal motivo, los cristianos nos atrevemos a hacer la señal de la cruz, signo de esperanza y de victoria.

¡Oh, Jesús! Concédeme el valor para llevar mi cruz a imitación tuya y enséñame a sobrellevar con paciencia los sufrimientos. ¡Que mi temor a ellos se convierta en virtud!

1 Corintios 1:17–25
Salmo 33:1–2,4–5,10–11
Mateo 25:1–13

Dios ha elegido a los ignorantes de este mundo, para humillar a los sabios.
—1 CORINTIOS 1:27

Hay personas dominantes que tienen la capacidad de controlar y subyugar a los demás. Por otro lado, hay personas humildes y serviciales que tienen una gran capacidad de entrega y comprensión.

¿Quién soy yo ante los demás? ¿Cómo vivo la ternura de Dios?

1 Corintios 1:26–31
Salmo 33:12–13,18–19,20–21
Mateo 25:14–30

2 DE SEPTIEMBRE

• XXII DOMINGO DEL TIEMPO ORDINARIO •

Acepten dócilmente la palabra que ha sido sembrada en ustedes y es capaz de salvarlos.
—SANTIAGO 1:23

Cuando la palabra germina en el corazón solo puede surgir alegría, compasión, amor, ternura, bondad y comprensión. En esto consiste la felicidad: en dejar que la Palabra de Dios eche raíz en el corazón.

Señor, que mi oración no se convierta en un ritual vacío, sino que mi plegaria nazca del corazón.

Deuteronomio 4:1–2,6–8
Salmo 15:2–3,3–4,4–5 (1a)
Santiago 1:17–18,21b–22,27
Marcos 7:1–8,14–15,21–23

Lunes

3 DE SEPTIEMBRE

• SAN GREGORIO MAGNO, PAPA Y DOCTOR DE LA IGLESIA • DÍA DEL TRABAJO •

Cuando llegué a la ciudad de ustedes para anunciarles el Evangelio. . .
los convencí por medio del Espíritu y del poder de Dios.
—1 CORINTIOS 2:1,4–5

Supongamos que alguien preguntó alguna vez al Niño Jesús: "¿Qué quieres ser cuando seas grande?". Es fácil suponer que la respuesta del niño haya sido esta: "¡Quiero ser como mi papá!".

Cristo desenrolló las Escrituras y encontró el pasaje que describe la misión para la que había sido enviado por su Padre.

¿Cómo estoy viviendo la misión para la que se me ha enviado?

1 Corintios 2:1–5
Salmo 119:97,98,99,100,101,102
Lucas 4:16–30

4 DE SEPTIEMBRE

Nadie conoce lo que hay en Dios, sino el Espíritu de Dios.
—1 CORINTIOS 2:11

Así como fue admirable que Jesús enseñara en la sinagoga de Cafarnaúm, igualmente lo es la labor del catequista que enseña lo que el Espíritu de Dios quiere dar a conocer de su Hijo. Solo la enseñanza que se da a conocer a través del Espíritu da el acceso a la voluntad del Padre.

¿De qué maneras comparto mi fe con los demás?

1 Corintios 2:10b–16
Salmo 145:8–9,10–11,12–13ab,13cd–14
Lucas 4:31–37

Miércoles

5 DE SEPTIEMBRE

La suegra de Simón estaba con fiebre muy alta y le pidieron a Jesús que hiciera algo por ella. Jesús, de pie junto a ella, mandó con energía a la fiebre, y la fiebre desapareció. Ella se levantó enseguida y se puso a servirles.
—LUCAS 4:38B–39

Cuando descubrimos nuestra verdadera vocación, esta se convierte en un camino de pasión. Y en ese camino no importan las fatigas, porque las realizamos con el impulso del amor y el servicio.

¿Siento la pasión del Señor en mi vida?

1 Corintios 3:1–9
Salmo 33:12–13,14–15,20–21
Lucas 4:38–44

6 DE SEPTIEMBRE

Lleva la barca mar adentro y echen sus redes para pescar.
—LUCAS 5:4B

Pedro confía en el Señor, tira las redes al mar y obtiene una pesca milagrosa. La voluntad de Pedro acepta adherirse a la voluntad de Jesús, y así acontece el milagro, no en la pesca, sino en la adhesión de la voluntad de Pedro a la de Jesús.

¿Está mi voluntad totalmente adherida a la voluntad del Señor?

1 Corintios 3:18–23
Salmo 24:1bc–2,3–4ab,5–6
Lucas 5:1–11

Viernes
7 DE SEPTIEMBRE

Él sacará a la luz lo que está oculto en las tinieblas, pondrá al descubierto las intenciones del corazón y dará a cada uno la alabanza que merezca.
—1 CORINTIOS 4:5

Permitamos que la Palabra de Dios rompa los odres viejos que no pueden contener la frescura del mensaje. Solo Dios puede purificar la oscuridad de nuestra alma para nuestro bien.

¡Dios Padre, embriaga mi vida con tu Palabra!

1 Corintios 4:1–5
Salmo 37:3–4,5–6,27–28,39–40
Lucas 5:33–39

A quienes predestina, los llama; a quienes llama, los justifica; y a quienes justifica, los glorifica.
—ROMANOS 8:30

Dios ha predestinado a María nuestra madre. La alegría del Evangelio brota de un corazón pobre que sabe regocijarse por las obras de Dios, como el corazón de la Virgen. Es en María donde el Verbo se hace carne para revelarnos el amor del Padre y nuestra salvación.

Madre María, enséñame a contemplar la grandeza del Señor.

Miqueas 5:1–4a o Romanos 8:28–30
Salmo 13:6ab,6c
Mateo 1:1–16,18–23

9 DE SEPTIEMBRE

¡Qué bien lo hace todo! Hace oír a los sordos y hablar a los mudos.
—MARCOS 7:37

En el Evangelio de hoy se exponen dos culturas: la del encuentro y la de exclusión. No obstante, Jesús se inclina por la del encuentro, abriéndose a la persona que es frágil, pobre de espíritu y dispuesta a recibir.

¿Están mi corazón y mi mente dispuestos a recibir al Señor?

Isaías 35:4–7a
Salmo 146:6–7,8–9,9–10 (1b)
Santiago 2:1–5
Marcos 7:31–37

Lunes

10 DE SEPTIEMBRE

*[Jesús] le dijo al hombre: "Extiende la mano". El la extendió y
quedó curado.*
—LUCAS 6:10B

Cuando extendemos la mano, reconocemos que la grandeza
del Señor es más grande que nuestras fragilidades y
limitaciones. Manifestamos nuestra confianza incondicional en
el Dios de amor que nos guía por el camino de la vida. Nos
entregamos a su voluntad y designio.

¿Hay algo que me impida extender la mano a Dios? ¿Y a
mi prójimo?

1 Corintios 5:1–8
Salmo 5:5–6,7,12
Lucas 6:6–11

Jesús se retiró al monte a orar y se pasó la noche en oración con Dios.
—LUCAS 6:12

Dios no hace las cosas en serie, sino en serio. Cada uno de nosotros ha sido llamado por él para estar con él. Esta es en sí la esencia de la oración; no es palabrería, sino un encuentro que nos permite cultivar nuestra relación de amor con Dios. Jesús sabe que para continuar su misión necesita estar en una relación constante con su Padre.

¿Cómo es mi relación personal con Dios? ¿Y con los demás?

1 Corintios 6:1–11
Salmo 149:1b–2,3–4,5–6a y 9b
Lucas 6:12–19

12 DE SEPTIEMBRE

• SANTÍSIMO NOMBRE DE LA VIRGEN MARÍA •

Dichosos serán. . . cuando los insulten y maldigan por causa del Hijo del hombre. Alégrense ese día y salten de gozo.
—LUCAS 6:22B–23

El Evangelio rompe con todo esquema que no se asemeje al Reino de los cielos. Y cuando las personas se dejan impregnar por la Palabra de Dios, descubren que la verdadera alegría y felicidad no está en las cosas de este mundo, sino en su Hijo Jesucristo.

¡Señor Jesús, que mi cercanía con mis hermanos los ayude a conocer la verdadera felicidad!

1 Corintios 7:25–31
Salmo 45:11–12,14–15,16–17
Lucas 6:20–26

13 DE SEPTIEMBRE

• SAN JUAN CRISÓSTOMO, OBISPO Y DOCTOR DE LA IGLESIA •

Ustedes, en cambio, amen a sus enemigos, hagan el bien y presten sin esperar recompensa.
—LUCAS 6:35

Jesús no nos pide algo extraño, sino precisamente lo que él y su Padre hacen: amar a los enemigos, hacer el bien y prestar sin esperar. ¡En esto consiste la vida del cristiano!

Señor, mi Dios, haz noble y dulce mi corazón, moldeándolo según tu voluntad.

1 Corintios 8:1b–7,11–13
Salmo 139:1b–3,13–14ab,23–24
Lucas 6:27–38

Dios lo exaltó sobre todas las cosas. . .
para que al nombre de Jesús, todos doblen la rodilla.
—FILIPENSES 2:9

En su gran amor y misericordia, y viendo la necesidad que tenía el mundo de ser salvado, Dios no dudó en entregar a su propio hijo para su salvación. Por eso, no hay otro nombre aparte del de Jesús que Dios haya exaltado por sobre toda su creación.

¡Bendito seas, Señor, por ayudarnos a cargar nuestra propia cruz!

Números 21:4b–9
Salmo 78:1bc–2,34–35,36–37,38
Filipenses 2:6–11
Juan 3:13–17

15 DE SEPTIEMBRE

• NUESTRA SEÑORA DE LOS DOLORES •

Mujer, ahí está tu hijo.
—JUAN 19:26

Nuestro camino de salvación es inseparable del camino de María. Su fe le permitió cooperar libremente en el plan de Dios, a pesar de que el precio del amor sería muy alto al ver a su hijo morir en la cruz. La Virgen María nos enseña a saber sobrellevar el dolor con entereza y fe.

Señora de los Dolores, ruega por nosotros.

1 Corintios 10:14–22
Salmo 116:12–13,17–18
Juan 19:25–27 o Lucas 2:33–35

Domingo

16 DE SEPTIEMBRE

• XXIV DOMINGO DEL TIEMPO ORDINARIO •

El que quiera venir conmigo, que renuncie a sí mismo, que cargue con su cruz y que me siga.
—MARCOS 8:34

Seguir a Jesús no es seguirlo a medias ni cuando nos conviene o lo necesitamos, sino adentrarnos en su ejemplo para construir la paz, la justicia y un mundo más humano.

¿Sigo a Jesús con convicción? ¿Cómo demuestran mis actos ese compromiso?

Isaías 50:5–9a
Salmo 116:1–2,3–4,5–6,8–9 (9)
Santiago 2:14–18
Marcos 8:27–35

17 DE SEPTIEMBRE

• SAN ROBERTO BELARMINO, OBISPO Y DOCTOR DE LA IGLESIA •

Yo no soy digno de que tú entres en mi casa.
—LUCAS 7:6B

Es la fe de un centurión romano la que lo motiva a acudir a Jesús para que sane a su siervo. Al hacer esto, el centurión reconoce que ningún judío piadoso puede entrar en la casa de un pagano sin contaminarse, y en segundo lugar reconoce y coloca a Jesús como autoridad máxima porque es un centurión quien acude a un judío. Es muy grande la fe del centurión, pero más grande es su humildad porque se rebaja a la condición de hombre que necesita de Jesús.

¿Es mi fe como la del centurión? ¿Trato al prójimo con humildad?

1 Corintios 11:17–26,33
Salmo 40:7–8a,8b–9,10,17
Lucas 7:1–10

18 DE SEPTIEMBRE

"Joven, yo te lo mando: Levántate".
—LUCAS 7:14B

Jesús sabe que una viuda que pierde a su único hijo queda desprotegida y sola. Pero el Dios de Jesucristo es Padre de todos sus hijos a los que no desampara. Al contrario, pide que como el joven, nos levantemos y empecemos a hablar de su amor y esperanza.

¿Quiénes son los desamparados en mi comunidad?

1 Corintios 12:12–14,27–31a
Salmo 100:1b–2,3,4,5
Lucas 7:11–17

19 DE SEPTIEMBRE

• SAN JENARO, OBISPO Y MÁRTIR •

Si no tengo amor, no soy más que una campana que resuena o unos
platillos que aturden.
—I CORINTIOS 13:1

Dios creó al mundo por amor. Por amor nos envió a su único Hijo. Por amor lo resucitó. Por amor nos salvó. El amor es la razón por la que existimos. Y estamos llamados a compartir ese amor, con la misma generosidad y misericordia con la que nos amó Dios por medio de Jesucristo. Sin amor, nuestras palabras y obras carecen de verdadero significado; son como campanas y platillos desafinados.

¿Brotan mis palabras y obras del amor? ¿Amo a los demás como Dios me ama?

1 Corintios 12:31—13:13
Salmo 33:2–3,4–5,12 y 22
Lucas 7:31–35

20 DE SEPTIEMBRE

Tu fe te ha salvado; vete en paz.
—LUCAS 7:50

Hay un comercial de televisión en el que se promociona una tarjeta de crédito con la siguiente frase: "No tiene precio". Eso es lo que Jesús nos transmite hoy en su Evangelio: el amor no tiene precio. El amor de la mujer pecadora abre su vida a la dimensión de la fe en Jesús y eso la salva.

¿Pongo precio a mis relaciones personales? ¿Y a las familiares? ¿Y a las amistades?

1 Corintios 15:1–11
Salmo 118:1b–2,16ab–17,28
Lucas 7:36–50

Jesús vio a un hombre llamado Mateo, sentado a su mesa de recaudador de impuestos, y le dijo: "Sígueme".
—MATEO 9:9

Dios conoce a cada uno de sus hijos y los llama por su nombre, como hizo con Mateo. Jesús no excluye a nadie independientemente de su buena o mala reputación, sino que ha venido a llamar a todos por igual, incluidos los pecadores.

¡Habla Señor, que tu siervo escucha!

Efesios 4:1–7,11–13
Salmo 19:2–3,4–5
Mateo 9:9–13

Lo que cayó en tierra buena representa a los que escuchan la palabra, la conservan en un corazón bueno y bien dispuesto, y dan fruto por su constancia.
—LUCAS 8:15

El discípulo de Cristo sabe que el camino es difícil y que puede estar sembrado de caídas, pero también sabe que hay que levantarse y seguir a Cristo. Hay que ser firmes en la fe y perseverantes en las obras.

¿Cómo puedo recobrar mi ánimo en el Señor cuando me desanimo?

1 Corintios 15:35–37,42–49
Salmo 56:10c–12,13–14
Lucas 8:4–15

• XXV DOMINGO DEL TIEMPO ORDINARIO •

Los pacíficos siembran la paz y cosechan frutos de justicia.
—SANTIAGO 3:18

A los 17 años de edad, Malala Youszfai se convirtió en la persona más joven en ganar el Premio Nobel de la Paz gracias a su activismo en favor de los derechos civiles y la educación escolar de las mujeres, pero sobre todo por abogar por la paz.

¿Qué puedo hacer hoy para contribuir a que se siembre la paz en mi comunidad?

Sabiduría 2:12,17–20
Salmo 54:3–4,5,6–8 (6b)
Santiago 3:16—4:3
Marcos 9:30–37

24 DE SEPTIEMBRE

Nadie enciende una vela y la tapa con alguna vasija.
—LUCAS 8:16

El que camina con la Luz de Cristo puede obrar libremente sin tener que ocultar algo que le avergüenza. Todos somos llamados a ser candeleros de luz en nuestra propia vida y para los demás, sabiendo que la verdad de Cristo iluminará a todo el que se le acerque.

¿Soy luz para mi familia, mis amistades y para las personas que cruzo en mi camino?

Proverbios 3:27–34
Salmo 15:2–3a,3bc–4ab,5
Lucas 8:16–18

El malvado busca siempre el mal
y nunca se apiada de su prójimo.
—PROVERBIOS 21:10

"¿Quiénes son mis hermanos?", pregunta Jesús. Son aquellos que escuchan y hacen la voluntad de Dios, aquellos que no hacen el mal y se apiadan de su prójimo. Para Jesús, es más importante la voluntad del Padre que el parentesco o el lazo familiar.

¿Hago la voluntad del Señor? ¿O a veces me dejo llevar por mis propios caprichos?

Proverbios 21:1–6,10–13
Salmo 119:1,27,30,34,35,44
Lucas 8:19–21

26 DE SEPTIEMBRE

Líbrame de la falsedad y la mentira;
no me des pobreza ni riqueza,
dame tan sólo lo necesario para vivir.
—PROVERBIOS 30:8

El Señor no hace oídos sordos a nuestras plegarias. Al contrario, él sabe muy bien lo que necesitamos y lo que es esencial para nuestra vida. Solo basta con que depositemos nuestra confianza en sus manos.

Señor mío, en tus manos pongo mis esperanzas.

Proverbios 30:5–9
Salmo 119:29,72,89,101,104,163
Lucas 9:1–6

¿Quién será, pues, éste del que oigo semejantes cosas?
—LUCAS 9:9

Herodes está sorprendido de los prodigios que ha oído hablar sobre Jesús porque tiene su parecido con Juan Bautista. A diferencia de Herodes, es en el corazón del creyente donde crece el deseo de ver a Jesús y de estar con él.

¿Mi corazón busca sinceramente a Jesús? ¿O simplemente quiero verlo por pura curiosidad?

Eclesiastés 1:2–11
Salmo 90:3–4,5–6,12–13,14 y 17bc
Lucas 9:7–9

28 DE SEPTIEMBRE

• SAN WENCESLAO, MÁRTIR • SAN LORENZO RUIZ Y COMPAÑEROS,
MÁRTIRES •

Respondió Pedro: "El Mesías de Dios".
—LUCAS 9:20

Pedro contesta a la pregunta que Jesús hace a sus discípulos: "¿Quién dicen que soy yo?". Es el Espíritu quien le revela a Pedro la identidad de Jesús, y con esto marca un nuevo nacimiento para los apóstoles.

¿Escucho al Espíritu en mi interior?

Eclesiastés 3:1–11
Salmo 144:1b y 2abc,3–4
Lucas 9:18–22

Yo les aseguro que verán el cielo abierto y a los ángeles de Dios subir y bajar sobre el Hijo del hombre.
—JUAN 1:51

Hoy en la fiesta de los santos arcángeles, el Evangelio nos enseña a ir delante de Dios, como sus ángeles, y a la vez ser personas transparentes. Nos enseña a habitar la gracia de Dios en nuestra vida para permanecer abiertos, limpios y claros como Dios lo hace con sus ángeles.

¿Qué aspectos de mi vida deben abrirse a la gracia de Dios? ¿Cuáles necesitan claridad?

Daniel 7:9–10,13–14 o Apocalipsis 12:7–12a
Salmo 138:1–2ab,2cde–3,4–5
Juan 1:47–51

30 DE SEPTIEMBRE

Ojalá que todo el pueblo de Dios fuera profeta y descendiera sobre todos ellos el espíritu del Señor.
—NÚMEROS 11:29

El Evangelio nos presenta una vida íntegra conforme a la fe en Cristo. Una vida coherente y auténtica, que deje huella del amor de Dios en la vida de los demás. Por eso Moisés se atreve a decir que le gustaría que el pueblo de Israel se dejara guiar por el espíritu del Señor.

En tu camino de fe, ¿vas dejando huella del amor de Dios en los demás?

Números 11:25–29
Salmo 19:8,10,12–13,14 (9a)
Santiago 5:1–6
Marcos 9:38–43,45,47–48

1 DE OCTUBRE

• SANTA TERESITA DEL NIÑO JESÚS, VIRGEN Y DOCTORA DE LA IGLESIA •

En realidad el más pequeño entre todos ustedes, ese es el más grande.
—LUCAS 9:48B

Las cosas de Dios no se miden como el hombre las mide. Al contrario, la grandeza del Señor se encuentra en la sencillez, la simplicidad, el silencio y la belleza intrínseca de las cosas. No está en el ruido, ni en la fama, ni en el espectáculo.

¿Dónde busco yo a Dios?

Job 1:6–22
Salmo 17:1bcd,2–3,6–7
Lucas 9:46–50

Yo les digo que sus ángeles, en el cielo, ven continuamente el rostro
de mi Padre.
—MATEO 18:10

A los discípulos les entró un aire de grandeza y posesión tal que se atrevieron a preguntarle a Jesús: "¿Quién es el más grande en el Reino?".

Para entrar al Reino de los cielos se necesita ser pequeño, y no de estatura, sino de corazón. Se necesita ser dependiente, inocente y libre de preocupaciones. Solo si nuestro corazón está exento de envidia, deseo de poder y soberbia podremos ver el rostro del Padre.

Señor Jesús, concédeme el don de buscarte con sencillez e inocencia.

Job 3:1–3,11–17,20–23
Salmo 88:2–3,4–5,6,7–8
Mateo 18:1–5,10

3 DE OCTUBRE

Deja que los muertos entierren a sus muertos. Tú ve y anuncia el Reino de Dios.
—LUCAS 9:60

La invitación que Jesús nos hace a seguirlo y a anunciar el Reino de Dios implica un compromiso absoluto y prioritario. De hecho, es responder al primer mandamiento de "amarás a Dios sobre todas las cosas", incluso si esto nos trae desavenencias familiares. Para Jesús no puede haber retrasos. No hay nada que se deba interponer ante el llamado de Dios.

¿Hay algo que me impida seguir completamente a Jesús?

Job 9:1–12,14–16
Salmo 88:10bc–11,12–13,14–15
Lucas 9:57–62

Jueves

4 DE OCTUBRE

• SAN FRANCISCO DE ASÍS, RELIGIOSO •

Pónganse en camino; yo los envío como corderos en medio de lobos.
—LUCAS 10:3

Jesús envía a sus discípulos como corderos y no como lobos. Si nos convertimos en lobos, seremos derrotados, ya que no tendríamos la ayuda del Pastor.

La vida de san Francisco de Asís resalta esta virtud de haber caminado como cordero llevando el amor de Dios entre lobos. Aquello que lo distinguió fue su amor por la pobreza, por los pajarillos y por todas las criaturas de la naturaleza.

Job 19:21–27
Salmo 27:7–8a,8b–9abc,13–14
Lucas 10:1–12

Jesús dijo a sus discípulos: "El que los escucha a ustedes, a mí me escucha; el que los rechaza a ustedes, a mí me rechaza".
—LUCAS 10:16

En el Evangelio se nos presenta a pueblos incrédulos que se rehúsan a escuchar la Palabra de Jesús. Dichos pueblos pueden simbolizar nuestra propia actitud cuando nos rehusamos a escuchar o reconocer los milagros que Dios obra en nuestra vida a diario.

¿Acojo la Palabra de Dios con total receptividad?

Job 38:1,12–21; 40:3–5
Salmo 139:1–3,7–8,9–10,13–14ab
Lucas 10:13–16

Vi a Satanás caer del cielo como el rayo.
—LUCAS 10:18B

Los discípulos regresan contentos después de una jornada de trabajo, posiblemente ardua, ya que hasta los demonios se sometían. Sin embargo, Jesús nos dice que la verdadera alegría o satisfacción no consiste en tener control sobre los demonios, sino en reconocer que el protagonista es solo uno: Jesús. Nuestra alegría debe cifrarse únicamente en él.

Señor Jesús, que mis alegrías sean siempre por ti y para ti.

Job 42:1–3,5–6,12–17
Salmo 119:66,71,75,91,125,130
Lucas 10:17–24

Domingo

7 DE OCTUBRE

• XXVII DOMINGO DEL TIEMPO ORDINARIO •

Esta será llamada mujer,
porque ha sido formada del hombre.
—GÉNESIS 2:23

El autor del libro del Génesis presenta a Dios como un alfarero que continúa trabajando en su obra hasta perfeccionarla. Al ver que el hombre no encuentra compañía apropiada, decide crear a la mujer del mismo cuerpo del hombre. La creación de la mujer, por lo tanto, refleja la realización del plan divino y se convierte en la obra maestra de Dios al dotarla con su gran capacidad de amar y entrar en comunión con el hombre.

Gracias Dios, por toda mujer, toda madre, toda hija, toda hermana y toda amiga.

Génesis 2:18–24
Salmo 128:1–2,3,4–5,6
Hebreos 2:9–11
Marcos 10:2–16 o 10:2–12

¿Y quién es mi prójimo?
—LUCAS 10:29

Amar al prójimo no es fácil porque requiere una entrega total. Jesús enseña en su Evangelio que aquel samaritano, despreciado y repudiado por los judíos, tiene un corazón inmenso, y pone en práctica la voluntad de Dios.

¿Quién es mi prójimo? ¿Cómo se me ha llamado a amar a mi prójimo?

Muchas cosas te preocupan y te inquietan, siendo así que una sola es necesaria.
—LUCAS 10:42

El proceder de Marta y María representa la vida del cristiano; una vida en la que la oración conduce a la acción. Si oración y acción no van de la mano, se puede caer en activismo o en oraciones estériles.

¿Está mi oración unida a la acción del Espíritu?

Gálatas 1:8–24
Salmo 139:1b–3,13–14ab,14c–15
Lucas 10:38–42

10 DE OCTUBRE

Señor, enséñanos a orar, como Juan enseñó a sus discípulos.
—LUCAS 11:1B

De una forma sencilla y directa, Jesús enseña a sus discípulos a elevar una oración al Padre sin necesidad de tanta palabra. No hay que decir mucho, sino fijar el corazón en el Padre. Él ya sabe lo que necesitamos. La oración no consiste en que Dios nos escuche, sino en escuchar lo que él nos dice.

¿Escucho la voz del Señor en mi oración?

Gálatas 2:1–2,7–14
Salmo 117:1bc,2
Lucas 11:1–4

Si ustedes, que son malos, saben dar cosas buenas a sus hijos, ¿cuánto más el
Padre celestial les dará el Espíritu Santo a quienes se lo pidan?
—LUCAS 11:13

La oración es, ni más ni menos, que una conversación con Dios, tal y como un amigo conversaría con otro. Jesús nos enseña a hablar con Dios Padre con constancia, perseverancia y plena confianza en que él nos concederá exactamente lo que necesitamos. Para poder entablar esa conversación, debemos abrir nuestra voluntad y así recibir la voluntad de Dios.

Dios Padre, que mi oración no se limite solo a la petición sino a una auténtica conversación de amigos.

Gálatas 3:1–5
Lucas 1:69–70,71–72,73–75
Lucas 11:5–13

Si yo arrojo a los demonios por el poder de Dios, eso significa que ha llegado a ustedes el Reino de Dios.
—LUCAS 11:20

Jesús no ha perdido tiempo para llevar a cabo su misión. Ignacio de Loyola nos enseña que las virtudes para seguir a Jesús son la libertad, el sacrificio y la magnanimidad. Esto hace que la perspectiva ignaciana de Cristo sea un Cristo en misión: curando a los enfermos, expulsando los demonios, instruyendo en el Templo y predicando.

¿Qué me llama Cristo a hacer el día de hoy? ¿Qué necesito de Dios para llevar a cabo su Evangelio?

Gálatas 3:7–14
Salmo 111:1b–2,3–4,5–6
Lucas 11:15–26

Sábado

13 DE OCTUBRE

¡Dichosa la mujer que te llevó en su seno y cuyos pechos te amamantaron!
—LUCAS 11:27B

Jesús responde ante tal exclamación como si fuera un poco descortés ante su madre. Sin embargo, si nos adentramos en el pasaje, nos damos cuenta de que Jesús realza la voluntad de María de cumplir la voluntad de Dios y de perseverar en ella todos los días de su vida, más que el hecho físico de llevarlo en el seno y alimentarlo.

¿Cómo persevero para permitir que la voluntad de Dios se cumpla en mi vida?

Gálatas 3:22–29
Salmo 105:2–3,4–5,6–7
Lucas 11:27–28

14 DE OCTUBRE

Ve y vende lo que tienes. . . y sígueme.
—MARCOS 10:21

Dios no condena la riqueza ni los bienes terrenos, sino que enseña que el amor verdadero es el único que salva y que abre la puerta para el Reino de Dios. Seguir a Cristo implica ser como Cristo; ser reflejo vivo de su persona hacia los demás. Significa amar como él nos amó.

¿Me he propuesto ser como Cristo?

Sabiduría 7:7–11
Salmo 90:12–13,14–15,16–17 (14)
Hebreos 4:12–13
Marcos 10:17–30

15 DE OCTUBRE

• SANTA TERESA DE JESÚS, VIRGEN Y DOCTORA DE LA IGLESIA •

*Conserven, pues la libertad y no se sometan de nuevo al yugo de
la esclavitud.*
—GÁLATAS 5:1

Hoy, la Iglesia celebra a Santa Teresa de Jesús, aquella mujer
que a su corta edad decidió hacerse religiosa y en sus visiones
dedicó su vida a la oración para la santificación de su alma.

*"Nada te turbe, nada te espante.
Todo se pasa. Dios no se muda.
La paciencia todo lo alcanza.
Quien a Dios tiene, nada le falta.
Sólo Dios basta".*

Gálatas 4:22–24,26–27,31—5:1
Salmo 113:1b–2,3–4,5a y 6–7
Lucas 11:29–32

16 DE OCTUBRE

• SANTA EDUVIGES, RELIGIOSA • SANTA MARGARITA MARÍA ALACOQUE, VIRGEN •

Den más bien limosna de lo que tienen y todo lo de ustedes quedará limpio.
—LUCAS 11:41

Cristo se enoja con los fariseos porque no han podido apreciar la belleza interior. Estos se preocupan tanto por la limpieza exterior y por sus rituales, que no alcanzan a percibir la belleza interior de la persona que tienen enfrente. Ignoran la belleza del encuentro.

¿Aprecio la belleza de las personas que me rodean?

Gálatas 5:1–6
Salmo 119:41,43,44,45,47,48
Lucas 11:37–41

Miércoles

17 DE OCTUBRE

• SAN IGNACIO DE ANTIOQUÍA, OBISPO Y MÁRTIR •

Y los que son de Jesucristo ya han crucificado su egoísmo junto con sus pasiones y malos deseos.
—GÁLATAS 5:24

El mundo necesita de hombres y mujeres que estén dispuestos a vivir abiertos al Espíritu Santo en lugar de replegarse en sí mismos. Hay quienes se cierran al Espíritu con el egoísmo del propio interés o el legalismo rígido de ver las cosas de cierta manera. Pero como afirma Pablo, los que son de Jesucristo ya han crucificado su egoísmo y esto los hace libres y dóciles a la voluntad del Espíritu.

¿Qué necesito para ser dócil al Espíritu de Dios?

Gálatas 5:18–25
Salmo 1:1–2,3,4 y 6
Lucas 11:42–46

≥ 319 ≤

Jueves

18 DE OCTUBRE

• SAN LUCAS, EVANGELISTA •

Rueguen. . . al dueño de la mies que envíe trabajadores a sus campos.
—LUCAS 10:2

Jesús envía a sus discípulos como misioneros de su misericordia y amor para que den testimonio de su Evangelio. Les pide que anuncien la llegada del Reino de los cielos entre los enfermos, pobres, marginados y todos aquellos que necesitan la salvación. Asimismo, Dios hoy nos invita a ser misioneros de paz para todos aquellos que salen a nuestro encuentro.

¿Cómo doy testimonio del Evangelio de Cristo en mi familia? ¿Y entre mis amistades?

2 Timoteo 4:10–17b
Salmo 145:10–11,12–13,17–18
Lucas 10:1–9

19 DE OCTUBRE

*En él, también ustedes. . . han sido marcados con el Espíritu
Santo prometido.*
—EFESIOS 1:13

Todo bautizado ha sido marcado por el Espíritu Santo y lleva
consigo la impresión indeleble del amor entre el Padre y el
Hijo. La marca del Bautismo hace que seamos llamados a
cuidar y defender la naturaleza y todo lo que Dios ha creado
en su amor.

¿Qué puedo hacer hoy para cuidar la creación y la naturaleza?

Efesios 1:11–14
Salmo 33:1–2,4–5,12–13
Lucas 12:1–7

El Espíritu Santo les enseñará en aquel momento lo que convenga decir.
—LUCAS 12:12

Dar testimonio de Cristo conlleva riesgo y persecución, pero no por ello debemos permitir que el miedo nos paralice. Jesús nos revela que el Espíritu nos dirá lo que debemos decir, y así ha sido siempre la vida de la Iglesia. Innumerables hombres y mujeres han dado su vida por el Evangelio, simplemente por amor a Jesucristo.

¿Qué daría y a qué me arriesgaría por seguir a Cristo?

Efesios 1:15–23
Salmo 8:2–3ab,4–5,6–7
Lucas 12:8–12

Acerquémonos, por tanto, con plena confianza al trono de la gracia.
—HEBREOS 4:16

Santiago y Juan le hacen una petición a Jesús: sentarse con él en la gloria de su reino. Al hacerlo no tienen en cuenta que, como discípulos, están llamados a servir y no a ser servidos. Tal parecería que quieren asegurarse una buena recomendación y aprovecharse de la fama de Jesús. No obstante, Jesús no les reprende abiertamente, sino que les da una auténtica lección: el precio de la cruz, de la responsabilidad.

¿Soy consciente de que acercarme a Dios implica grandes responsabilidades?

Isaías 53:10–11
Salmo 33:4–5,18–19,20,22 (22)
Hebreos 4:14–16
Marcos 10:35–45 o 10:42–45

22 DE OCTUBRE

• SAN JUAN PABLO II, PAPA •

Somos hechura de Dios, creados por medio de Cristo Jesús para hacer el bien
que Dios ha dispuesto que hagamos.
—EFESIOS 2:10

Cristo elogia al hombre que es prudente y sagaz, mas no al hombre avaricioso que quiere atesorar bienes materiales sin medida, desplazando a Dios a un segundo plano.

San Juan Pablo II fue un hombre sencillo y sobrio que dedicó su vida a atesorar riquezas espirituales para el bien común de la Iglesia, especialmente entre los jóvenes.

San Juan Pablo II, ruega por nosotros.

Efesios 2:1–10
Salmo 100:1b–2,3,4ab,4c–5
Lucas 12:13–21

• SAN JUAN CAPISTRANO, PRESBÍTERO •

Dichosos aquellos a quienes su señor, al llegar, encuentre en vela.
—LUCAS 12:37

La salvación no es cosa de un día; requiere de una constante conversión y de una actitud vigilante.

¿Cómo puede el discípulo estar en vela? Para hacerlo, necesita la guía de la Iglesia, la recepción frecuente de los Sacramentos —en especial la Sagrada Comunión y la Reconciliación— la oración y la lectura frecuente de la Sagrada Escritura.

¿Qué hago para estar vigilante en mi fe?

Efesios 2:12–22
Salmo 85:9ab–10,11–12,13–14
Lucas 12:35–38

24 DE OCTUBRE

• SAN ANTONIO MARÍA CLARET, OBISPO •

Al que mucho se le da, se le exigirá mucho.
—LUCAS 12:48B

¡Qué confianza y qué responsabilidad asigna el Señor a quienes le sirven en su nombre! Entre más se les da, más tentaciones encontrarán en el camino. Hay hombres y mujeres que han dado su vida entera por el Evangelio y han mostrado el rostro de Cristo a los demás. ¡Qué importante es rezar por ellos!

Reflexionando sobre el Evangelio de hoy, reza por todos aquellos que han dedicado su vida a Dios.

Efesios 3:2–12
Isaías 12:2–3,4bcd,5–6
Lucas 12:39–48

No he venido a traer la paz, sino la división.
—LUCAS 12:51

Por un lado, hay quienes reciben la Palabra de Dios y, por otro, hay quienes la rechazan. El amor de Dios es lo único que nos da la verdadera paz y, sin embargo, algunos se niegan a recibirlo. Solo el amor de Cristo trae ese fuego de pasión que lo consume todo, no en el sentido carnal, sino en el sentido existencial. Todo se renueva en su amor.

Ven, Espíritu Santo,
llena los corazones de tus fieles
y enciende en ellos
el fuego de tu amor.

Efesios 3:14–21
Salmo 33:1–2,4–5,11–12,18–19
Lucas 12:49–53

Porque no hay más que un solo cuerpo y un solo Espíritu.
—EFESIOS 4:4

Cristo nos enseña las distintas maneras de leer los signos de los tiempos para reconocer el Reino de Dios. De hecho, toda su vida fue un testimonio visible del amor de Dios. Su misión fue revelar que Dios nos ama y que debemos prepararnos para acoger la dicha eterna que él nos ofrece. Cristo quiere que el mayor número de almas goce del amor de Dios en el cielo.

¿Qué señales del Reino de Dios he presenciado en mi vida?

Efesios 4:1–6
Salmo 24:1–2,3–4ab,5–6
Lucas 12:54–59

Cada uno de nosotros ha recibido la gracia en la medida en que Cristo se la ha dado.
—EFESIOS 4:7

Al igual que la higuera que se presenta en el Evangelio, cada uno de nosotros ha sido dotado con la gracia y la facultad de dar frutos. Todos hemos recibido dones, pero para que estos den frutos y podamos ponerlos al servicio de la comunidad, necesitamos de la conversión personal mediante esfuerzo, dedicación y perseverancia.

¿Qué talentos me ha dado Dios? ¿De qué maneras pongo esos talentos al servicio de mi comunidad?

Efesios 4:7–16
Salmo 122:1–2,3–4ab,4cd–5
Lucas 13:1–9

"¿Qué quieres que haga por ti?".
—MARCOS 10:50

En el Evangelio de hoy, el ciego Bartimeo sentado junto al "camino" reconoce con los ojos de la fe a Jesús como el Hijo de David. No obstante, algunos de los seguidores de Jesús quieren callarlo y apartarlo de él, pero Jesús no hace oídos sordos ni es indiferente a las súplicas del ciego. Es la insistencia y la gran fe de Bartimeo lo que le permite recibir lo que su corazón deseaba.

¿Qué quiero que Dios haga por mí en el día de hoy? ¿Cuál es el gran deseo que arde en mi corazón?

Jeremías 31:7–9
Salmo 126:1–2,2–3,4–5,6 (3)
Hebreos 5:1–6
Marcos 10:46–52

Y a esta hija de Abraham. . . ¿no era bueno desatarla de esa atadura, aun en día de sábado?
—LUCAS 13:16

La salvación está antes que la ley. Por eso Jesús se atreve a curar a la mujer en pleno sábado, un día de reposo para los judíos. Jesús no desatiende las necesidades y sabe muy bien que para Dios no hay espera para dar a conocer su Misterio.

¡Dios Padre, remueve mi ceguera espiritual!

Efesios 4:32—5:8
Salmo 1:1–2,3,4 y 6
Lucas 13:10–17

Este es un gran misterio, y yo lo refiero a Cristo y a su Iglesia.
—EFESIOS 5:32

Jesús pregonaba el Reino de Dios usando un lenguaje comprensible para la sociedad de aquella época. Hoy, la Iglesia necesita que todos los bautizados proclamen y expliquen el Evangelio mediante un lenguaje que llegue a la sociedad moderna. El Misterio de Dios debe ser compartido con todos los pueblos.

¿Cómo puedo utilizar las redes sociales para evangelizar?

Efesios 5:21–33
Salmo 128:1–2,3,4–5
Lucas 13:18–21

31 DE OCTUBRE

Vendrán muchos del oriente y del poniente. . . y participarán en el banquete del Reino de Dios.
—LUCAS 13:29

El hombre siempre ha buscado su seguridad y confort. Por eso, alguien le preguntó a Jesús: "Señor, ¿son pocos los que se salvan?". Jesús responde que el camino es estrecho, pero que con el don de la fe en Dios, el camino se hace seguro. La salvación no es exclusiva de unos cuantos. Recordemos que Dios quiere que todos los hombres se salven.

¿Me esfuerzo por alimentar mi fe? ¿Acompaño mi fe con buenas obras?

Efesios 6:1–9
Salmo 145:10–11,12–13ab,13cd–14
Lucas 13:22–30

1 DE NOVIEMBRE

Vi luego una muchedumbre tan grande, que nadie podía contarla. Eran individuos de todas las naciones y razas, de todos los pueblos y lenguas.
—APOCALIPSIS 7:9

Hoy, la Iglesia celebra tanto a los santos reconocidos como a aquellos que han pasado desapercibidos. La vida de todos ellos es un ejemplo a seguir en nuestro camino hacia la santidad. Algo que distingue a todos los santos es que fueron tocados por el amor de Dios, tuvieron una vida de conversión y dejaron todo atrás por anunciar el Evangelio mediante sus obras.

¿Qué santo me inspira especialmente? ¿Qué pasos he dado en mi vida para caminar hacia la santidad?

Apocalipsis 7:2–4,9–14
Salmo 24:1bc–2,3–4ab,5–6
1 Juan 3:1–3
Mateo 5:1–12a

Las almas de los justos están en las manos de Dios.
—SABIDURÍA 3:1

Jesús hace la promesa de recibir a aquel que lo busca con confianza y fe. ¡Él es el pan de vida!

Al celebrar hoy a todos nuestros muertos, fijemos nuestra oración en la esperanza de la Resurrección que Cristo prometió. Esa esperanza con seguridad nos permitirá reunirnos con nuestros seres queridos.

Dedica unos minutos de oración para pedir por todos tus difuntos.

Sabiduría 3:1–9
Romanos 5:5–11 o Romanos 6:3–9
Juan 6:37–40

Para mí, la vida es Cristo; y la muerte, una ganancia.
—FILIPENSES 1:21

Con estas palabras, Pablo habla de su alegría en Cristo, una alegría que le permite soportar todas las acusaciones que se le hacen en su contra. Pablo ha encontrado la verdadera perla preciosa y ha obtenido la humildad de la que carecía cuando perseguía a los cristianos, ya que ahora no busca sus propios intereses sino que Cristo se dé a conocer entre todas las naciones.

¿Qué puedo hacer para que mi orgullo o mis intereses no se entrometan en el camino del Señor?

Filipenses 1:18b–26
Salmo 42:2,3,5cdef
Lucas 14:1,7–11

4 DE NOVIEMBRE

Amarás al Señor, tu Dios, con todo tu corazón, con toda tu alma, con todas tus fuerzas.
—DEUTERONOMIO 6:4

Tanto en el Evangelio como en la Primera Lectura, escuchamos la plegaria tradicional del judaísmo conocida como el "Shemá", que para nosotros los cristianos es el primer mandamiento.

Para conocer íntimamente a Dios no basta con el intelecto, sino que es preciso dar la misma vida por él, con todas las fuerzas, con toda la pasión del alma, con toda la voluntad del corazón. Nuestro amor primero debe estar dirigido a Dios y luego al prójimo. Es recorrer el camino del amor que solo Jesús puede ofrecer.

¿Amo a mi prójimo como a mí mismo? ¿Amo a Dios con todo el corazón, el alma y las fuerzas?

Deuteronomio 6:2–6
Salmo 18:2–3,3–4,47,51 (2)
Hebreos 7:23–28
Marcos 12:28b–34

5 DE NOVIEMBRE

Un mismo amor, unas mismas aspiraciones y una sola alma.
—FILIPENSES 2:2

La Iglesia es el Cuerpo Místico de Cristo y, como tal, cada uno de sus miembros es vital para su funcionamiento. En su Carta a los filipenses, Pablo los exhorta a vivir con un mismo amor, unas mismas aspiraciones y una sola alma; en pocas palabras, un mismo sentir.

En la Iglesia no deben existir las "palancas" como si se tratara de una corporación. Al contrario, todos los bautizados en el Señor conformamos la Iglesia de manera igualitaria. Es así como Jesús advierte que la invitación a la salvación debe ser dada a todos en la sencillez del corazón y no solo a los que conocemos.

Señor Mío, ayúdame a encontrar la verdadera felicidad en el dar más que en el recibir.

Filipenses 2:1—4
Salmo 131:1bcde,2,3
Lucas 14:12—14

Dichoso aquel que participe en el banquete del Reino de Dios.
—LUCAS 14:15B

La fecha de la gran fiesta celestial se aproxima y la invitación se ha extendido a todos, pero lo triste es que algunos ignoran la invitación a este banquete. No todos quieren comprometerse a servir al Señor; no todos quieren entrar en la Iglesia y no todos se dan cuenta de que entrar en la Iglesia es un don de Dios. Un modo de prepararnos para el banquete celestial es poner nuestros dones al servicio de la comunidad.

¿Cómo me preparo para el banquete del Reino de Dios?

Filipenses 2:5–11
Salmo 22:26b–27,28–30ab,30e,31–32
Lucas 14:15–24

Sigan trabajando por su salvación con humildad y temor de Dios, pues él es quien les da energía interior para que puedan querer y actuar conforme a su voluntad.
—FILIPENSES 2:12–13

Pablo regala un hermoso mensaje a la comunidad de Filipo, pues sabe que la fe requiere obras. Así es el camino del cristiano: es cargar la cruz como Cristo nos dice en su Evangelio. Nadie puede andar por los caminos del Señor si no trabaja y toma su cruz.

Haz una lista de tus quehaceres diarios y pregúntate: "¿Cuánto tiempo dedico a trabajar por mi salvación?".

Filipenses 2:12–18
Salmo 27:1,4,13–14
Lucas 14:25–33

8 DE NOVIEMBRE

En el cielo habrá más alegría por un pecador que se arrepiente, que por noventa y nueve justos.
—LUCAS 15:7

En una ocasión, el papa Francisco se refirió a este pasaje del Evangelio diciendo: "El Señor nos quiere pastores, no peinadores de ovejas". En otras palabras, la Iglesia debe ser misionera y salir a predicar el Evangelio incluso por una sola persona que no se haya convertido. No debemos preocuparnos por las noventa y nueve, porque es posible que caigamos en la complacencia y dediquemos todo nuestro tiempo y esfuerzo para peinar esas ovejas. Al contrario, salgamos a buscar a la oveja perdida que también es parte del Reino de Dios.

En la intimidad de tu corazón, pregúntate: "¿Hay algún área de mi vida que se haya descarrilado como la oveja perdida?".

Filipenses 3:3–8a
Salmo 105:2–3,4–5,6–7
Lucas 15:1–10

Pero [Jesús] hablaba del templo de su cuerpo.
—JUAN 2:21

Jesús echa a los mercaderes que estaban usado el templo más como un lugar de comercio que de adoración. Defiende lo sagrado debido a su amor apasionado que lo impulsa a echar aquello que profana a la casa de su Padre.

Cada uno de nosotros somos templos del Espíritu Santo, pero lastimosamente hay quienes siguen profanando y manipulando lo sagrado de la vida.

Señor mío, te pido valentía para que, al igual que Jesús, defienda tus templos de cualquier profanación.

Ezequiel 47:1–2,8–9,12
Salmo 46:2–3,5–6,8–9
1 Corintios 3:9c–11,16–17
Juan 2:13–22

Todo lo puedo unido a aquel que me da fuerza.
—FILIPENSES 4:13

El amor que Dios nos ha concedido a cada uno es un amor sin medida que nos insta a amarlo y a serle fiel de la misma manera. Cuando se ama verdaderamente al Señor, el corazón se ensancha de tanta felicidad que solo quiere servirlo para que los demás lo conozcan. Este servicio no significa acaparar, ni manipular, ni adueñarse de Dios, sino servirlo solo por amor.

¿Dónde está mi corazón en estos momentos?

Filipenses 4:10–19
Salmo 112:1b–2,5–6,8a y 9
Lucas 16:9–15

Esa pobre viuda ha echado en la alcancía más que todos. . . ha echado todo lo que tenía para vivir.
—MARCOS 12:43

El Evangelio nos presenta la virtud de la generosidad; el dar sin recibir nada a cambio y sin interés alguno de por medio. La santa Madre Teresa de Calcuta dijo que hay que amar hasta que nos duela. Si nuestro dar es costoso porque requirió un sacrificio mayor, eso quiere decir que la entrega es más plena porque estamos pensando en el bien del otro y no en intereses egoístas. El Evangelio requiere que demos todo: no solo nuestro dinero, sino nuestro tiempo y nuestro servicio; que no demos a medias, ni que demos de lo que nos sobra, sino que entreguemos lo que somos y tenemos, así como la pobre viuda que dio todo lo que tenía para vivir.

¿Me entrego a mi comunidad parroquial con generosidad? ¿Y a Dios? ¿Y a mi familia?

1 Reyes 17:10–16
Salmo 146:7,8–9,9–10 (1b)
Hebreos 9:24–28
Marcos 12:38–44

Lunes

12 DE NOVIEMBRE

• SAN JOSAFAT, OBISPO Y MÁRTIR •

Si tu hermano te ofende, trata de corregirlo; y si se arrepiente, perdónalo.
—LUCAS 17:3

Las debilidades y flaquezas humanas de nuestro prójimo en ocasiones pueden parecernos escandalosas o repudiables. A veces nos sentimos tan superiores o rectos, que hacemos de nuestra vida un tribunal donde todos los demás pasan a ser juzgados según nuestra propia vara de justicia. Pero Jesús nos amplía el panorama y nos enseña que nuestra tarea no es juzgar, sino perdonar.

¿Juzgo mis acciones a menudo? ¿Juzgo las acciones de los demás?

Tito 1:1–9
Salmo 24:1b–2,3–4ab,5–6
Lucas 17:1–6

Querido hermano: Enseña lo que está de acuerdo con la sana doctrina.
—TITO 2:1

Los cristianos podemos dejarnos llevar por la tentación de querer ser héroes y creer que todo gira a nuestro alrededor. El pecado de la soberbia infla el orgullo y el ego. Sin embargo, el Dios de Jesucristo no es un Dios déspota, sino un Dios de amor. Por eso, Pablo alienta a Tito a que enseñe la sana doctrina que conlleva al amor de Jesucristo, no a una serie de reglamentos y doctrinas vacías.

Señor mío, nunca apartes de mí tu mirada de compasión y fidelidad. Enséñame a ser manso y humilde como lo eres tú.

Tito 2:1–8,11–14
Salmo 37:3–4,18 y 23,27 y 29
Lucas 17:7–10

14 DE NOVIEMBRE

Levántate y vete. Tu fe te ha salvado.
—LUCAS 17:19

Es el samaritano —quien representa al impuro, al de poca fe, al pecador y al marginado ante la sociedad judía— el que se postró ante el Señor para darle las gracias. Bastó la mirada tierna, dulce y compasiva de Jesús para que brotara un corazón agradecido.

No son las personas felices las que son agradecidas, sino las personas agradecidas las que atraen bendiciones y felicidad a su vida.

¿Soy una persona agradecida? ¿Reconozco los milagros que acontecen en mi vida?

Tito 3:1–7
Salmo 23:1b–3a,3bc–4,5,6
Lucas 17:11–19

Por tanto, si me consideras como compañero tuyo, recíbelo como a mí mismo.
—FILEMÓN 17

El Reino de Dios ya está con nosotros, pero no por completo. Sabemos que el centro de la historia es Jesucristo y, por lo tanto, las características del Reino de Dios son hermandad, paz, comprensión y justicia, entre otras cosas. Por eso Pablo, se atreve a escribirle a Filemón para que reciba a Onésimo, ya no como esclavo suyo, sino como un hermano más.

¿Recibo y acojo a mi prójimo con verdadera hermandad?

Filemón 7–20
Salmo 146:7,8–9a,9bc–10
Lucas 17:20–25

16 DE NOVIEMBRE

• SANTA MARGARITA DE ESCOCIA • SANTA GERTRUDIS, VIRGEN •

Quien se aparta de la verdad y no permanece fiel a la doctrina de Cristo, no vive unido a Dios.
—2 JUAN 9

Los discípulos se distraían con preguntas humanas e insignificantes sobre el Reino de Dios —"¿cuándo? ¿dónde?"— sin darse cuenta de su obstinación. Jesús replica que no sabemos ni la hora ni el lugar. Y en realidad no necesitamos saber esto, porque nos desvía de lo primordial, es decir, del mensaje que Cristo nos está comunicando. Si nos apartamos de la verdad de Cristo, entonces no vivimos unidos a Dios.

¿Me preocupa constantemente el mañana? ¿Cómo siento que Dios me libera de mis ansiedades?

2 Juan 4–9
Salmo 119:1,2,10,11,17,18
Lucas 17:26–37

Jesús comentó. . . ¿creen acaso que Dios no hará justicia a sus elegidos, que claman a él día y noche, y que los hará esperar?
—LUCAS 18:7

Jesús nos enseña a orar con constancia y perseverancia. Nos enseña a no cansarnos ni darnos por vencidos ante las dificultades, aun cuando parezca que Dios no escucha nuestras plegarias. El reto es mantenernos firmes y no descuidar la comunicación en nuestra relación con Dios.

¿Confío plenamente en Dios? ¿Le cuento mis proyectos, necesidades, angustias y logros?

3 Juan 5–8
Salmo 112:1–2,3–4,5–6
Lucas 18:1–8

18 DE NOVIEMBRE

*Así, con una sola ofrenda, hizo perfectos para siempre a los que
ha santificado.*
—HEBREOS 10:14

El fin del mundo siempre ha sido una incógnita y una
preocupación para el ser humano. Pero el Evangelio de hoy
nos ofrece una visión esperanzadora: la segunda venida de
Jesús. Esto requiere de paciencia en todos los ámbitos de
nuestra vida, pero particularmente paciencia en el sufrimiento,
en los dolores y en los golpes duros. Tenemos que prepararnos
para santificarnos ante el Padre.

Señor mío, te pido que me ayudes a mantener los pies firmes
en el suelo pero sin bajar mi mirada del cielo.

Daniel 12:1–3
Salmo 16:5,8,9–10,11 (1)
Hebreos 10:11–14,18
Marcos 13:24–32

"¡Hijo de David, ten compasión de mí!"
—LUCAS: 18:38

En el Evangelio de hoy, se nos presenta al ciego de Jericó que a través de paciencia y esfuerzo trata de llegar hacia Jesús, llamándolo por un título honorífico que implícitamente indica que Jesús es el Mesías prometido. Lo único que pide es recobrar su vista.

¿Tengo paciencia para reconocer la presencia de Dios en mi vida?

Apocalipsis 1:1–4; 2:1–5
Salmo 1:1–2,3,4 y 6
Lucas 18:35–43

20 DE NOVIEMBRE

"Zaqueo, bájate pronto porque hoy tengo que hospedarme en tu casa".
—LUCAS 19:5

El Evangelio nos cuenta que la curiosidad de Zaqueo lo lleva a conocer a Jesús. Esa curiosidad posiblemente nació en él porque Cristo ya estaba tocando la puerta de su corazón. En el momento en que Jesús lo mira y le hace la invitación a comer con él, Zaqueo baja del árbol con alegría.

¿Siento alegría de encontrarme con Cristo? ¿Su ternura produce un cambio en mi vida?

Apocalipsis 3:1–6,14–22
Salmo 15:2–3a,3bc–4ab,5
Lucas 19:1–10

21 DE NOVIEMBRE

• PRESENTACIÓN DE LA SANTÍSIMA VIRGEN MARÍA •

Les aseguro que a todo el que tenga se le dará con abundancia, y al que no tenga, aun lo que tiene se le quitará.
—LUCAS 19:26

Todo es importante en esta vida, incluso las cosas pequeñas que se nos ha dado o presentado. Los talentos que Dios nos ha dado, aunque sean cosas pequeñas, pueden crecer y madurar para el bien de la comunidad. No obstante, Jesús nos advierte que a la persona que por pereza decide no hacer que sus talentos crezcan, estos le serán quitados.

Padre, enséñame a ser perseverante en el buen uso de los dones que me has dado, para servirte a ti y servir a los demás.

Apocalipsis 4:1–11
Salmo 150:1b–2,3–4,5–6
Lucas 19:11–28

22 DE NOVIEMBRE

Tú eres digno de tomar el libro
y de abrir sus sellos,
porque fuiste sacrificado
y con tu sangre compraste para Dios
hombres de todas las razas y lenguas.
—APOCALIPSIS 5:9

Jesús demuestra sus sentimientos y llora por la ciudad santa de Dios. Las personas se han cerrado ante el mensaje de amor que les quiere llevar y no se dan cuenta de que, con su sangre, será el único que podrá tomar el libro y abrir los sellos de la salvación para todos los hombres.

En oración, pide al Señor que perdone tus fallas.

Apocalipsis 5:1–10
Salmo 149:1b–2,3–4,5–6a y 9b
Lucas 19:41–44
o misa propia en acción de gracias a Dios

Mi casa es casa de oración; pero ustedes la han convertido en
cueva de ladrones.
—LUCAS 19:45B

La oración es uno de los pilares fundamentales de una vida
espiritual. La oración no consiste en una serie de plegarias
monótonas y repetitivas, sino en una conversación entre el
Creador y la criatura cimentada en el amor y la confianza. Jesús
nos pide que tengamos la confianza de un niño con un corazón
que busque el encuentro con Dios.

¿Cómo es mi oración con Dios? ¿Siento que mi relación con él
se ha afianzado?

Apocalipsis 10:8–11
Salmo 119:14,24,72,103,111,131
Lucas 19:45–48

Dios no es Dios de muertos, sino de vivos.
—LUCAS 20:38

San Andrés nació alrededor de 1795 en Bac-Ninh, Vietnam del Norte, en el seno de una familia pobre y pagana. Fue bautizado en Vinh-Tri con el nombre cristiano de Andrés. Después de aprender chino y latín, se hizo catequista y enseñó en el país. Luego de ordenarse como sacerdote el 15 de marzo de 1823, fue incansable en su predicación. A menudo ayunaba y llevaba una vida sencilla y moral, siendo un buen ejemplo para el pueblo y motivando a muchos a ser bautizados. En 1835 fue encarcelado bajo la persecución del emperador, pero su libertad fue comprada por donaciones de miembros de la congregación a la que sirvió. Para evitar las persecuciones cambió su nombre a Lac. El 21 de diciembre de 1839 fue decapitado después de sufrir una espantosa tortura.

San Andrés Dung-Lac, ruega por nosotros.

Apocalipsis 11:4–12
Salmo 144:1b,2,9–10
Lucas 20:27–40

25 DE NOVIEMBRE

• NUESTRO SEÑOR JESUCRISTO, REY DEL UNIVERSO •

Tú lo has dicho. Soy rey. Yo nací y vine al mundo para ser testigo de la verdad.
—JUAN 18:37

Hoy celebramos la fiesta de Cristo Rey y damos por terminado un ciclo litúrgico. En el pasaje del Evangelio, Jesús comparece ante Pilato prefigurando ya su divinidad como Rey de toda gloria. No es un reino terrenal, sino celestial. Es un reino de amor, de justicia, de gracia y de paz; un reino de salvación que se extiende al hambriento, al forastero, al sediento y al encarcelado.

Señor, abre mis ojos para que te ame y te sirva en cada hermano necesitado.

Daniel 7:13–14
Salmo 93:1,1–2,5 (1a)
Apocalipsis 1:5–8
Juan 18:33b–37

26 DE NOVIEMBRE

Llevaban grabado en la frente el nombre del Cordero y el nombre de su Padre.
—APOCALIPSIS 14:1

Los pobres de espíritu, así como los pobres de recursos económicos, son para nosotros como maestros. Ellos nos enseñan que una persona no es valiosa por lo que posee, sino que la humildad y la confianza en Dios son los verdaderos valores.

¿Me considero pobre de espíritu?

Apocalipsis 14:1–3,4b–5
Salmo 24:1bc–2,3–4ab,5–6
Lucas 21:1–4

Se levantará una nación contra otra y un reino contra otro.
—LUCAS 21:10

No nos dejemos paralizar por el miedo. Al contrario, pongamos nuestra esperanza en las palabras de Jesús para saber leer los signos de los tiempos. Tratemos de vivir la vida a plenitud con optimismo ante el sufrimiento, la calamidad y el desconsuelo que podamos afrontar. Lo único que espera al cristiano es la Resurrección.

¿Soy persona optimista ante las calamidades de la vida?

Apocalipsis 14:14–19
Salmo 96:10,11–12,13
Lucas 21:5–11

28 DE NOVIEMBRE

Si se mantienen firmes, conseguirán la vida.
—LUCAS 21:19

El mantenerse firme no significa ser firme en la voluntad propia, sino mantenerse firme en la voluntad de Dios. Significa no dejarse engañar o flaquear por las tentaciones que se presentan en el camino, incluso si estas llevan a la muerte. Solo Dios nos da la gracia de mantenernos firmes y soportar las batallas que todo discípulo puede pasar.

¿Me mantengo firme en la voluntad de Dios?

Apocalipsis 15:1–4
Salmo 98:1,2–3ab,7–8,9
Lucas 21:12–19

La salvación, la gloria y el poder pertenecen a nuestro Dios.
—APOCALIPSIS 19:1B

Es la tercera vez que Jesús anuncia la caída de Jerusalén, la tierra santa de Dios, lo cual significa profanación de lo sagrado. ¿A qué se podrá asemejar esto en nuestros días? A todo aquello que trata de poner en tela de juicio la santidad y dignidad de todo lo creado. A veces puede parecer que el príncipe del mal está ganando la victoria, pero la salvación y la gloria solo le pertenecen a Dios.

Señor de la Misericordia, en ti confiamos.

Apocalipsis 18:1–2,21–23; 19:1–3,9a
Salmo 100:1b–2,3,4,5
Lucas 21:20–28

La fe viene de la predicación y la predicación consiste en anunciar la palabra de Cristo.
—ROMANOS 10:17

Jesús pasa por la orilla del mar de Galilea y, fijando sus ojos en los dos hermanos, Andrés y Pedro, los invita a que lo sigan. Ellos presencian la predicación directamente de Cristo. De hecho, en el Evangelio de Juan, Andrés conoce primero a Cristo e inmediatamente sale para anunciar este encuentro a su hermano Pedro. Podemos decir que es el primer apóstol misionero en anunciar la palabra de Cristo a su hermano.

¿Recuerdo algún evento que me hiciera cambiar de dirección hacia Jesús?

Romanos 10:9–18
Salmo 19:8,9,10,11
Mateo 4:18–22

1 DE DICIEMBRE

Ahí no habrá ya noche. . .
porque el Señor Dios los iluminará con su luz.
—APOCALIPSIS 22:5

Hay ciertos sucesos sorpresivos que hacen que la vida se torne oscura. Por eso el Señor recomienda vigilar y orar, ya que si estamos en plena comunión con él no habrá noche para nuestra vida, pues el Señor siempre la llenará de su luz. Más difícil es para aquella persona que no se prepara y se deja sorprender por los sucesos desagradables.

¿De qué maneras me estoy preparando para recibir al Señor?

Apocalipsis 22:1–7
Salmo 95:1–2,3–5,6–7ab
Lucas 21:34–36

2 DE DICIEMBRE

Pongan atención y levanten la cabeza, porque se acerca la hora de su liberación.
—LUCAS 21:28

En este tiempo de Adviento que significa espera, Jesús recomienda a sus discípulos estar siempre vigilantes, ya que esta vida es como un trampolín para la verdadera vida en el cielo. Para estar vigilantes, debemos estar cerca de Jesús en la oración, en los sacramentos y en la práctica de la caridad.

¿Cómo es mi vida sacramental? ¿Participo de los sacramentos con suficiente asiduidad?

Jeremías 33:14–16
Salmo 25:4–5,8–9,10,14 (1b)
1 Tesalonicenses 3:12—4:2
Lucas 21:25–28,34–36

Él será el árbitro de las naciones
y el juez de pueblos numerosos.
—ISAÍAS 2:4

Jesús recrimina a los judíos por su falta de fe después de tener el encuentro con el centurión romano. Como el profeta Isaías había profetizado, Jesús llega a ser árbitro de las naciones, ya que el centurión no pertenece al pueblo de la Alianza, pero es la fe del centurión la que hace que Dios obre el milagro.

En silencio, permite que las palabras de Jesús vuelvan a hablarle a tu corazón.

Isaías 2:1–5
Salmo 122:1–2,3–4b,4cd–5,6–7,8–9
Mateo 8:5–11

No juzgará por apariencias,
ni sentenciará de oídas;
defenderá con justicia al desamparado
y con equidad dará sentencia al pobre.
—ISAÍAS 11:3B–4

Dios ha decidido revelarse a los pequeños y no a aquellos que están llenos de sí. El pequeño que confía totalmente en el Padre podrá ver y conocer los misterios del Reino de Dios, porque en su corazón hay espacio para su justicia, amor y paz.

¿Hay espacio en mi corazón para Dios?

Isaías 11:1–10
Salmo 72:1–2,7–8,12–13,17
Lucas 10:21–24

5 DE DICIEMBRE

Destruirá la muerte para siempre;
el Señor Dios enjugará las lágrimas de todos los rostros.
—ISAÍAS 25:8

El Evangelio nos muestra una y otra vez que Jesús vino a realizar lo que el Padre había prometido. En el pasaje del Evangelio se nos relata cómo muchos acudían a Jesús para ser curados, y Jesús no era indiferente a su sufrimiento. Al contrario, Jesús cumplió las expectativas de Dios Padre enjugando las lágrimas de todo rostro que fue curado por él. ¡Jesús sufre con nosotros y para nosotros!

Señor mío, enjuga mis lágrimas y cura mis heridas espirituales.

Isaías 25:6–10a
Salmo 23:1–3a,3b–4,5,6
Mateo 15:29–37

El que escucha estas palabras mías y las pone en práctica, se parece a un
hombre prudente, que edificó su casa sobre roca.
—MATEO 7:24

¿Qué palabras podrán ser esas para ponerlas en práctica? Ante todo, Jesús nos enseña que la caridad y el amor hacia el prójimo no pueden descuidarse, como tampoco el respeto sagrado a la vida. Pero más que cualquier otra cosa, Jesús con sus palabras nos da a conocer a su Padre.

¿Considero que he puesto en práctica las palabras de Jesús?

Isaías 26:1–6
Salmo 118:1 y 8–9,19–21,25–27a
Mateo 7:21,24–27

7 DE DICIEMBRE

• SAN AMBROSIO, OBISPO Y DOCTOR DE LA IGLESIA •

Aquel día los sordos oirán las palabras de un libro;
los ojos de los ciegos verán sin tinieblas ni oscuridad.
—ISAÍAS 29:18

Se nos relata en el Evangelio la historia de dos ciegos que le gritan a Jesús mientras lo siguen por el camino. Jesús no hace oídos sordos a sus gritos y provoca en ellos una adhesión plena debido a la fe que le profesaban. La verdadera vista no será la física, sino la vista de la fe que está en el interior de aquel que cree en Jesucristo.

Dedica unos minutos de silencio a descansar en el Señor y pídele que remueva las telarañas de tu corazón y suscite tu fe.

Isaías 29:17–24
Salmo 27:1,4,13–14
Mateo 9:27–31

8 DE DICIEMBRE

• SOLEMNIDAD DE LA INMACULADA CONCEPCIÓN DE LA SANTÍSIMA
VIRGEN MARÍA •

Pondré enemistad entre ti y la mujer,
entre tu descendencia y la suya;
y su descendencia te aplastará la cabeza.
—GÉNESIS 3:15

Los estudiosos de la Biblia han visto en este pasaje una
referencia al papel que María representaría en el plan de Dios.
Ella supo decir sí al designio de Dios, y con ello dio un vuelco
a la traición de Eva, cuando de manera libre y ferviente acogió
la voluntad del Señor. Ese "sí" fue más por confianza que por
conocimiento, y con ello quedó comprometida para siempre.
A través de su "sí", el Verbo de Dios pudo encarnarse y hacerse
uno como nosotros, excepto en el pecado.

¡Bendita seas Madre María! Gracias por decir sí al plan de Dios.
Guíanos y enséñanos a decir sí a la voluntad de Dios.

Génesis 3:9–15,20
Salmo 98:1,2–3ab,3cd–4
Efesios 1:3–6,11–12
Lucas 1:26–38

*Que su amor siga creciendo más y más y se traduzca en un mayor
conocimiento y sensibilidad espiritual.*
—FILIPENSES 1:9

En este segundo domingo de Adviento, el Señor nos pide que preparemos el pesebre de nuestra alma mediante la conversión. Debemos hacer un cambio radical en nuestro corazón para hacer el bien. Sin embargo, este cambio no se puede lograr por sí solo, sino que precisa de la fe y la confianza absolutas en el Señor.

¿De qué modo estoy preparando mi pesebre espiritual?

Baruc 5:1–9
Salmo 126:1–2,2–3,4–5,6 (3)
Filipenses 1:4–6,8–11
Lucas 3:1–6

Hoy hemos visto maravillas.
—LUCAS 5:26B

La misión más íntima y profunda de Jesús es el perdón de los pecados; es la recreación del mundo. Jesús no lo hace con simples gestos o palabras, sino con su propia carne. Solo Cristo nos puede sanar desde el interior.

¿Sientes cómo Dios hace maravillas en tu vida?

Isaías 35:1–10
Salmo 85:9ab y 10,11–12,13–14
Lucas 5:17–26

11 DE DICIEMBRE

• SAN DÁMASO I, PAPA •

El Padre celestial no quiere que se pierda uno solo de estos pequeños.
—MATEO 18:14

Uno podría preguntarse: "¿Por qué Dios permite que sus hijos se pierdan?". Él permite que nos perdamos porque nos ha concebido libres para tomar nuestras propias decisiones, buenas o malas. Pero también quiere que comprendamos que nos cuida y rescata en cada momento, que está a nuestro lado. Y cuando nos damos cuenta de que estamos lejos del Padre, es a través de su Hijo que podemos regresar a él.

¿Recurro a Jesús cuando siento que me he perdido?

Isaías 40:1–11
Salmo 96:1–2,3 y 10ac,11–12,13
Mateo 18:12–14

¡Bendita tú entre las mujeres y bendito el fruto de tu vientre!
—LUCAS 1:42

María no desperdicia ni un solo momento y, llevando en su vientre a Jesús, se dirige a visitar a su prima anciana Isabel, a la que todos consideraban estéril. María es la primera discípula por excelencia porque va de salida; se atreve a dar el anuncio del mensaje de salvación a los demás.

¿Dedico suficiente tiempo a la adoración eucarística?

Zacarías 2:14–17 o
Apocalipsis 11:19a; 12:1–6a,10ab
Judith 13:18bcde,19
Lucas 1:26–38 o 1:39–47

El que tenga oídos que oiga.
—MATEO 11:15

El Reino de Dios requiere de hombres y mujeres como Juan Bautista, que preparen la venida del Mesías encaminando a todos aquellos que buscan a Cristo, y que con su esfuerzo y constancia puedan ganarse el Reino de los cielos.

Señor, envíame como a Juan Bautista para preparar tu camino.

Yo soy el Señor, tu Dios. . .
el que te guía por el camino que debes seguir.
—ISAÍAS 48:17B

Agradezco a Dios por la fe que recibí a través de las generaciones que me precedieron. Tengo la dicha y la fortuna de contar con mis abuelos, quienes me transmitieron la fe católica llevándome a misa y dándome ejemplo con sus rezos y devociones. Ahora está en mí compartir lo recibido con las generaciones más jóvenes.

¿Cómo comparto mi fe con las generaciones más jóvenes?

Isaías 48:17–19
Salmo 1:1–2,3,4 y 6
Mateo 11:16–19

15 DE DICIEMBRE

Elías ha venido ya, pero no lo reconocieron.
—MATEO 17:12

La pedagogía de Jesús consiste en enseñar a sus discípulos el reino de Dios y preparar los corazones de los hombres. Puesto que sabe que el pecado es demasiado feo y la victoria demasiado grande, enseña que los que perseveran por el camino de la cruz saldrán vencedores.

¿Cómo preparo mi corazón para perseverar por el camino de la cruz?

Eclesiástico 48:1–4,9–11
Salmo 80:2ac y 3b,15–16,18–19
Mateo 17:9a,10–13

Hermanos míos: Alégrense siempre en el Señor.
—FILIPENSES 4:4

El Adviento es tiempo de esperanza, de espera y de expectativa, pero también es tiempo de alegría. Este domingo lo conocemos como "domingo de gaudete", que significa "alégrense", y por eso, en la liturgia dominical se enciende una vela de color rosa. Con gran expectativa y anhelo esperamos el nacimiento de nuestro Redentor, lo que no puede dar cabida a la tristeza. Juan anuncia el Evangelio que significa la Buena Nueva, la buena y alegre noticia.

¿Comparto el Evangelio alegremente con mis familiares?

Sofonías 3:14–18a
Isaías 12:2–3,4,5–6 (6)
Filipenses 4:4–7
Lucas 3:10–18

Lunes

17 DE DICIEMBRE

Genealogía de Jesucristo, hijo de David, hijo de Abraham.
—MATEO 1:1

Todos tenemos antepasados y una historia que nos ata a un lugar con lazos familiares. Asimismo, Jesús tiene antepasados, y el evangelista Mateo quiere darlos a conocer para mostrar que Jesús proviene del linaje de David y del Padre Abraham, de aquel gentil que pasó a ser el Padre de la fe. Con esto, Mateo enfatiza que tanto los gentiles como los judíos son invitados a entrar al Reino de Dios.

Señor, te ruego por cada uno de mis familiares y antepasados.

Génesis 49:2,8–10
Salmo 72:1–2,3–4ab,7–8,17
Mateo 1:1–17

18 DE DICIEMBRE

José. . . no dudes en recibir en tu casa a María, tu esposa, porque ella ha concebido por obra del Espíritu Santo.
—MATEO 1:20

José sintió la tentación de abandonar a María, pero el ángel del Señor le reveló el designio de Dios. Así, José hizo como el ángel del Señor le había mandado y se convirtió en el padre putativo de la sagrada familia.

¿Está listo mi corazón para recibir a Jesús de Nazaret?

Jeremías 23:5–8
Salmo 72:1–2,12–13,18–19
Mateo 1:18–25

19 DE DICIEMBRE

Convertirá a muchos israelitas al Señor; irá delante del Señor con el espíritu
y el poder de Elías, para convertir los corazones de los padres
hacia sus hijos.
—LUCAS 1:17

El arcángel Gabriel le anuncia a Zacarías que su mujer Isabel quedará embarazada y dará a luz un hijo. Le cuenta la historia de su futuro hijo, a lo que Zacarías reacciona con temor e incredulidad. Por más que el ángel se esfuerza por tranquilizarlo, no lo logra.

Señor, remueve toda duda de mi vida y enséñame a creer en ti.

Jueces 13:2–7,24–25a
Salmo 71:3–4a,5–6ab,16–17
Lucas 1:5–25

Vas a concebir y dar a luz un hijo y le pondrás por nombre Jesús.
—LUCAS 1:31

Por el "sí" de María, la promesa de la salvación se ha cumplido. A solo días de celebrar la Navidad, la segunda persona de la Trinidad ha estado creciendo en el seno de la Madre, quien le pondrá por nombre Jesús, que significa "Dios salva". De igual modo para el cristiano, Jesús debe crecer en el seno de la Iglesia.

¿Cómo crece Jesús en mi corazón?

Isaías 7:10–14
Salmo 24:1–2,3–4ab,5–6
Lucas 1:26–38

El Señor, tu Dios, tu poderoso Salvador,
está en medio de ti.
—SOFONÍAS 3:15B

No hay barrera humana que impida que la Buena Nueva se anuncie. Tanto María como Isabel son vasos de lo sagrado, vasos de la alegría. Hasta en el propio seno de Isabel, su hijo Juan salta de gozo por saber que María será la madre del redentor.

¿Siento que mi alma se llena del gozo del Señor?

Cantar de Cantares 2:8–14 o
Sofonías 3:14–18a
Salmo 33:2–3,11–12,20–21
Lucas 1:39–45

Sábado

22 DE DICIEMBRE

Mi alma glorifica al Señor
y mi espíritu se llena de júbilo en Dios, mi salvador.
—LUCAS 1:46–47

En este tiempo de Adviento todo cristiano puede regocijarse
en el Espíritu, así como la Virgen María lo hizo dando honor
y gloria al Señor por la promesa de un salvador que está a
solo días de nacer. Un salvador que viene repleto de amor, de
ternura y de compasión por cada uno de nosotros.

¿Qué emociones recorren mi interior al saber que Dios es un
Dios de ternura y compasión?

1 Samuel 1:24–28
1 Samuel 2:1,4–5,6–7,8abcd
Lucas 1:46–56

Domingo

23 DE DICIEMBRE

• IV DOMINGO DE ADVIENTO •

Aquí estoy, Dios mío; vengo para hacer tu voluntad.
—HEBREOS 10:7B

María va deprisa a la montaña de Judá. Esta prontitud se parece a la de los pastores al enterarse del nacimiento de Jesús. Es María la que se apresura para dar la buena noticia que ha recibido.

¿Me apresuro a dar la buena noticia?

Miqueas 5:1–4a
Salmo 80:2–3,15–16,18–19 (4)
Hebreos 10:5–10
Lucas 1:39–45

386

24 DE DICIEMBRE

Yo seré para él un padre y él será para mí un hijo.
—2 SAMUEL 7:14

Hemos llegado a la noche santa, la más esperada de nuestra vida, a la Nochebuena. Aunque parezca paradójico, es un tiempo de amnesia, de olvidarnos de aquello que nos aleja de Dios, de aquello que nos preocupa y enferma. Este es el tiempo para permitir que Cristo nazca en nuestro corazón y hacer a un lado las envidias, los rencores y las tristezas para dar paso a la alegría, al gozo y a la fiesta.

¿Es la alegría una actitud en mi vida?

2 Samuel 7:1–5,8b–12,14a,16
Salmo 89:2–3,4–5,27 y 29
Lucas 1:67–79

Martes

25 DE DICIEMBRE

· LA NATIVIDAD DEL SEÑOR (NAVIDAD) ·

La gracia de Dios se ha manifestado para salvar a todos los hombres.
—TITO 2:11

¡Qué hermoso misterio de amor! Dios se ha hecho carne en la fragilidad e impotencia de un recién nacido. De hecho, el amor de Dios siempre se ha revelado en la fragilidad e impotencia de los sucesos del plan de Salvación. Se reveló ante Moisés, ante los profetas y ahora en su Hijo Jesucristo para después revelar su amor en forma de cruz.

¿Qué esperanza de amor ha suscitado Jesús en mi vida?

MISA VESPERTINA DE VIGILIA:
Isaías 62:1–5
Salmo 89:4–5,16–17,27,29 (2a)
Hechos de los Apóstoles 13:16–17,22–25
Mateo 1:1–25 o 1:18–25

MISA DE MEDIANOCHE:
Isaías 9:1–6
Salmo 96:1–2,2–3,11–12,13
Tito 2:11–14
Lucas 2:1–14

MISA DE LA AURORA:
Isaías 62:11–12
Salmo 97:1,6,11–12
Tito 3:4–7
Lucas 2:15–20

DÍA:
Isaías 52:7–10
Salmo 98:1,2–3,3–4,5–6 (3c)
Hebreos 1:1–6
Juan 1:1–18 o 1:1–5,9–14

"Estoy viendo los cielos abiertos y al Hijo del hombre de pie a la derecha de Dios".
—HECHOS DE LOS APÓSTOLES 7:56

Jesús se despojó de la gloria del cielo para poder unirse a la humanidad. Asimismo, el cristiano ha de despojarse de los privilegios de la tierra para ser digno de la vida celestial. San Esteban así lo hizo: tuvo valentía y plena confianza en Dios.

¿He sufrido alguna vez por causa del Evangelio?

Hechos de los Apóstoles 6:8–10; 7:54–59
Salmo 31:3cd–4,6 y 8ab,16bc y 17
Mateo 10:17–22

27 DE DICIEMBRE

• SAN JUAN, APÓSTOL Y EVANGELISTA •

Les escribimos esto para que se alegren y su alegría sea completa.
—1 JUAN 1:4

María Magdalena va a llorar la muerte de su amigo Jesús. Sigue buscándolo, pero ¿cómo buscar entre los muertos al autor de la vida? Dios irrumpe a través de la historia de la humanidad resucitando a su Hijo Jesucristo y venciendo a la muerte. No solo eso: Cristo habla con María y le envía con la misión de anunciar la alegría de la Resurrección a los apóstoles.

María Magdalena buscaba a Jesús de cierta forma y lo vuelve a encontrar en estado glorioso.

¿Cómo busco yo al Señor?

1 Juan 1:1–4
Salmo 97:1–2,5–6,11–12
Juan 20:1a,2–8

28 DE DICIEMBRE

• LOS SANTOS INOCENTES, MÁRTIRES •

Dios es luz y en él no hay nada de oscuridad.
—1 JUAN 1:5B

Desde que nace Cristo, su llegada viene acompañada de un camino marcado por la persecución. Obedeciendo el mensaje dado por el ángel del Señor, José toma a María y al niño, y huye con su familia a Egipto. Emigran a una tierra extranjera convirtiéndose en refugiados.

Señor, te pido la fortaleza y la sabiduría necesarias para ayudar a las familias refugiadas del mundo.

1 Juan 1:5—2:2
Salmo 124:2–3,4–5,7b–8
Mateo 2:13–18

Y a ti, una espada te atravesará el alma.
—LUCAS 2:35

Jesús no se presenta con la fuerza y el poder de los reyes de este mundo, sino como un niño en brazos de María, quien sufrirá con amor de madre su muerte. María seguirá siempre unida a su hijo como discípula. Lucas presenta a María como la discípula perfecta que va a recorrer el mismo camino de Jesús.

Señor, que yo también pueda reconocerte con ojos de agradecimiento cuando vea tu presencia en mi vida.

1 Juan 2:3–11
Salmo 96:1–2a,2b–3,5b–6
Lucas 2:22–35

"¿Por qué me andaban buscando? ¿No sabían que debo ocuparme en las cosas de mi Padre?".
—LUCAS 2:49

Dios quiso nacer en una familia humana y, al hacerlo, consagró y honró al núcleo familiar. Fue en el seno de la familia donde Jesús se sometió a la autoridad de José y María, y con ellos aprendió los peregrinajes que hicieron a Jerusalén. Fue a través de sus padres que conoció la belleza de la fe, de la familia y del amor de Dios.

¿De qué maneras fomento y valoro el lugar de la familia?

1 Samuel 1:20–22,24–28
o Eclesiástico 3:2–6,12–14
Salmo 84:2–3,5–6,9–10
o Salmo 128:1–2,3,4–5
1 Juan 3:1–2,21–24
o Colosenses 3:12–21
Lucas 2:41–52

31 DE DICIEMBRE

• SAN SILVESTRE I, PAPA •

*Han recibido la unción del Espíritu Santo y tienen así el verdadero
conocimiento.*
—1 JUAN 2:20

Ha pasado un año más de vida, pero esto no debe ser ocasión de tristeza, sino de júbilo. Porque la salvación de Dios continúa obrando y por eso estamos llamados a ser fieles a su voluntad. Debemos ser fieles al camino que hay que seguir recorriendo, sin dejarnos paralizar, caminando confiadamente, ya que el Espíritu del Señor siempre nos estará acompañando.

¡Cristo permanece ayer, hoy y siempre!

1 Juan 2:18–21
Salmo 96:1–2,11–12,13
Juan 1:1–18

En gratitud

Este pequeño libro de reflexiones se basa en mis experiencias personales y en mi formación humana, académica y pastoral dentro y fuera de círculos ignacianos, y especialmente en todo lo aprendido en el seno de mi familia. Este caminar de la mano del Señor siempre ha estado sembrado de magnanimidad y cariño. ¡Son tantas las personas que Dios Nuestro Señor ha puesto en el camino de mi crecimiento espiritual! Dejar de agradecer sería una gran injusticia hacia todas esas personas que me rodearon y me siguen rodeando y enseñando. Desde la tierra que me vio nacer, crecer, reír y llorar, llevo en mi sangre sus raíces, triunfos, dolores y éxitos. Algunas de estas reflexiones parten de mi crecimiento como niño y del buen trato y cariño que recibí de mis catequistas, como Fernando Cardoso, quien me enseñó siempre a sonreír y a confiar en Dios incluso en los momentos más dolorosos y solitarios de mi vida. También a mi amigo sacerdote Salvador Magallanes, a quien conocí cuando él era seminarista y fuera asignado a mi parroquia en Ciudad Juárez. A Doña Benita, por su sonrisa y por confiar en un simple muchacho. A mis amigos cercanos tanto de la infancia como del grupo de confirmaciones de la parroquia San Pedro y San Pablo. Fueron los momentos compartidos con ellos los que me enseñaron el valor de la hermandad, la generosidad y el respeto mutuo. Y a tanta gente extraordinaria que me fue mostrando, inspirando y desafiando a buscar el Dios de Jesucristo en el prójimo. Y finalmente, a mis amigos de la editorial Loyola Press, por confiar en este humilde servidor. Con todo este equipaje, traté de plasmar parte de la gama de experiencias que, confío, puedan hablarte al corazón, como lo hace el Señor en mí.